LORNA BYRNE

Herzensgebete für ein Leben voller Licht

GOLDMANN

### Buch

Lorna Byrne hat Millionen von Menschen dabei geholfen, sich für die Engel zu öffnen und sich ihrer göttlichen Weisheit anzuvertrauen. Wie sie selbst die Verbindung mit Gott und den Engeln vertieft und dauerhaft festigt, offenbart sie nun in ihrer ganz persönlichen, inspirierenden Gebetssammlung. Diese Gebete sind nicht nur ein Juwel für all jene, die die richtigen Worte finden möchten, wenn sie um mehr Hoffnung, Freude oder Unterstützung bitten oder sich einfach nur bei den Engeln bedanken möchten. Vielmehr vereinen sie uns mit der göttlichen Essenz. Wir müssen nur lauschen und uns öffnen. Dann werden wir ihre Gegenwart und die heilende Kraft ihrer Liebe spüren.

### Autorin

Lorna Byrne, geboren und aufgewachsen in Irland, kann seit frühester Kindheit Engel sehen und mit ihnen kommunizieren. Seit sie 2008 das erste Mal mit ihrem Wissen an die Öffentlichkeit ging, erreichte ihre Botschaft Millionen von Lesern in der ganzen Welt. Ihre Bücher, darunter »Engel in meinem Haar« und »Himmelspfade«, wurden in 30 Sprachen übersetzt. Lorna Byrne ist Mutter von vier Kindern und lebt zurückgezogen in Irland.

Lorna Byrne

# HERZENS GEBETE

## *für ein Leben voller Licht*

Aus dem Englischen
von Bettina Lemke

**GOLDMANN**

Die englische Originalausgabe erschien 2018 unter dem Titel »Prayers from the heart« bei Coronet, London.

Penguin Random House Verlagsgruppe FSC® N001967

2. Auflage
Vollständige Taschenbuchausgabe November 2021
Copyright © 2019 der deutschen Erstausgabe: Arkana
Copyright © 2021 dieser Ausgabe: Wilhelm Goldmann Verlag, München,
in der Penguin Random House Verlagsgruppe GmbH,
Neumarkter Str. 28, 81673 München
Umschlag: UNO Werbeagentur, München
Umschlagmotiv: Landschaft: © frank mckenna/unsplash
Vögel: © anthony delanoix/unsplash
Redaktion: Daniela Weise
LG · CB
Satz: Satzwerk Huber, Germering
Druck und Bindung: GGP Media GmbH, Pößneck
Printed in Germany
ISBN 978-3-442-22339-8

www.goldmann-verlag.de

Ich widme dieses Buch
mit Frieden und Liebe im Herzen
all meinen Leserinnen und Lesern.

# Inhalt

# Kapitel 1

## Wie wir mit Gebeten unsere Beziehung zu Gott verändern

Jetzt, da ich mein erstes Buch zum Thema Gebete schreibe, bin ich von Engeln umgeben. Die Gebetsengel sind ebenfalls hier. Wenn ich zwischendurch aufschaue, sehe ich einen unendlichen Wasserfall, der das Haus umgibt und den Raum erfüllt – und der nach oben strömt, anstatt hinunterzufließen: einen Wasserfall aus Gebetsengeln. Gott sorgt dafür, dass sie so nah bei mir sind, weil ich viele Gebete in dieses Buch schreiben werde, das für Sie alle bestimmt ist.

Seitdem ich mein erstes Buch, *Engel in meinem Haar,* geschrieben habe, bekomme ich immer wieder Anfragen von Menschen aus aller Welt, ein Buch über Gebete zu schreiben. Sie bitten mich um Gebete für alles Erdenkliche. Mir ist bewusst, dass viele von uns in unterschiedlichen Situationen bestimmte Gebete brauchen, die helfen, mit den Höhen und Tiefen des Lebens fertigzuwerden.

Selbst wenn es gut läuft, stellen Sie vielleicht fest, dass es Sie Mühe kostet, Ihr Ziel zu erreichen. Sie befinden sich bereits auf halber Höhe des Berges, aber wenn Sie nach vorn blicken, sehen Sie immer noch ein riesiges Stück Weg vor sich. Doch wenn Sie nur einen Moment lang zurückschauen, werden Sie erkennen, wie weit Sie bereits gekommen sind. Danach können Sie sich wieder darauf ausrichten, in Ihrem Leben weiterzugehen.

Zu den Tiefphasen kommt es in der Regel, wenn wir enttäuscht sind, weil wir nicht erhalten haben, was wir uns wünschen oder was wir unserer Meinung nach verdient hätten. Wir sehen uns selbst unten am Fuß des Berges und sind kaum in der Lage, auch nur ein wenig vorwärtszugehen. Hier können uns Gebete helfen. Sie schenken uns die Kraft, die wir brauchen, und ermutigen uns, den nächsten Schritt auf unserem Lebensweg zu tun. Dieser Weg ist stets gewunden und verändert sich fortwährend. Er führt zuweilen bergauf und dann wieder bergab und bringt uns auf unserer Lebensreise doch weiter.

Wir alle brauchen Gebete. Egal was Sie dazu auch sagen mögen, ob Sie daran glauben oder nicht, es wird stets eine Zeit in Ihrem Leben geben, in der Sie Gebete brauchen. Ja, das gilt wirklich für uns alle, selbst wenn wir manchmal so niedergeschlagen sind, dass wir uns nicht dazu in der Lage fühlen zu beten. Deshalb sollten wir auch füreinander beten, denn manchmal schafft man es einfach nicht, das für sich selbst zu tun. Etwa wenn man physisch und emotional zu sehr leidet und die Gebete selbst nicht sprechen kann, die man in dieser Zeit als Unterstützung bräuchte.

Überhaupt helfen Gebete uns, jeden Schritt auf dem Lebenspfad zu genießen und uns dabei nicht abzuhetzen. Gebete erinnern uns daran, das Leben voller Freude zu leben und jeden Moment auszukosten, sei er gut oder schlecht, weniger gut oder nicht gar so schlecht. Unser ganzes Leben lang ist es so, als befänden wir uns auf einer Waage, als schwebte unser Glück in dieser Balance. Doch während all dieser Höhen und Tiefen sollten wir stets versuchen, jeden Augenblick in seiner Gänze auszuschöpfen, selbst wenn wir in Tränen aufgelöst sind.

Wir brauchen Gebete für all diese Dinge. Gebete für unsere Verletzungen sowie für das Leid, das wir empfinden. Wir brauchen Gebete, die uns helfen, mit dem Leben fertigzuwerden sowie Glück und Freude zu empfinden. Während wir beten, entsteht eine Verbindung zwischen unserer Seele, unserer Energie und Gott, die uns Frieden und Hoffnung, Kraft und Mut verleiht.

Bei all den Gebeten in diesem Buch wurde ich von Gott angeleitet, manchmal vermittelt von den Engeln. Während ich dieses Buch schrieb, war häufig ein Erzengel an meiner Seite, entweder der Erzengel Michael oder einer der anderen Erzengel. Manchmal war es auch einer der Engel, die zu meinem täglichen

Leben gehören. Natürlich war mein Schutzengel die ganze Zeit über bei mir.

Gebete wirken sich positiv auf Menschen aus, die unter Sorgen, Ängsten und Depressionen leiden. Die Gemütsverfassung sowie emotionale Probleme einer Person haben stets auch einen körperlichen Aspekt. Sowohl unser physischer Körper als auch unser Geist brauchen die Kraft des Gebets, die Verbindung zu unserer Seele, die das Gebet uns schenkt. Gebete können uns helfen, diese Verbindung zu erkennen, und uns die Stärke schenken, all die mentalen und emotionalen Probleme zu überwinden. Nicht zuletzt kann diese Kraft, wie wir sehen werden, auch zur körperlichen Heilung beitragen.

Jeder Einzelne sollte selbst beten. Das ist sehr wichtig. Aber es ist genauso von Bedeutung, dass auch andere für diesen Menschen beten, sodass er mit den Dingen, die er durchmacht, fertigwerden kann und damit er die Gewissheit hat, dass er sie überwinden wird. Ich bin vielen Menschen begegnet, die stark unter einer psychischen Erkrankung litten. Manche von ihnen hatten bereits darüber nachgedacht, sich das Leben zu nehmen, begannen dann aber eines Tages, zu Gott zu sprechen. Sie erkannten, dass sie beteten, und hatten von diesem Tag an einen stärkeren Glauben. Überdies glaubten sie mehr an sich selbst. Sie konnten das Licht der Hoffnung vor sich sehen. Das Gebet hilft, die Wolke aufzulösen, und unterstützt den Einzelnen dabei, das Leben zu erkennen, das vor ihm liegt.

## So betet man besser

Ich begebe mich einfach ins Gebet. Der Gedanke kommt mir in den Sinn, und ich beginne zu beten.

Viele von Ihnen fragen mich, wie sie beten sollen oder auf welche Weise sie besser beten können. Nehmen Sie sich Zeit dafür, selbst wenn es nur eine Minute sein sollte, und gehen Sie in die Stille. Sie müssen kein Wort sagen. Sie sollten lediglich üben, Ihren Geist zu leeren.

Sie benötigen keinen besonderen Platz dafür. Die Welt hat sich so verändert. Die Menschen sind ständig in Bewegung. Sie könnten zum Beispiel beten, während Sie spazieren gehen.

Es gibt keine falschen Orte, wenn man beten möchte. Aber an manchen Orten ist der Schleier zwischen dieser Welt und der geistigen Welt dünner. Einige davon, etwa Kirchen oder heilige Quellen und Waldhaine, Höhlen oder Berggipfel, werden bereits seit Langem zum Beten genutzt. Ein solcher Platz ist zu einem heiligen Ort geworden, an dem man Ruhe findet, betet und meditiert. Und wenn wir dorthin kommen, nehmen wir in der Regel die Ruhe und den Frieden wahr. Meist handelt es sich um sichere Orte. Sie sind erfüllt von der Liebe und Spiritualität der Menschen, die bereits dort waren. Wenn ich mich einem solchen Ort nähere, sehe ich diese Liebe und Spiritualität hervorströmen.

**Gebet für heilige Orte**

*Lieber Gott,*

*ich danke Dir für all die heiligen Orte auf der Welt,*

*für Deine Engel, die in großer Zahl an solchen Orten*
*    vorhanden sind,*

*für die Segnungen, die uns geschenkt werden,*

*die Segnungen des Friedens, der Hoffnung, der*
*    Ruhe und Heilung.*

*Umgeben von Deiner Liebe*

*kann ich an diesem Ort im Gebet meditieren*

*und die Heiligkeit dieses geweihten Ortes spüren.*

*Danke, mein Gott.*

*Amen.*

Heilige und geweihte Orte sind sehr wichtig für Menschen aller Glaubensrichtungen und auch für diejenigen, die keiner Religion angehören. Diese Orte sind stets von Frieden erfüllt, und es sind immer Millionen von Engeln dort, die fortwährend beten. Manchmal nehme ich auch Heilige wahr, die erscheinen, um zu beten.

Häufig sehe ich die Seelen von Angehörigen. Sie sind gekommen, um mit den Menschen zu beten. Obwohl die Angehörigen längst verstorben sind, leben ihre Seelen für immer weiter, denn die Seele ist unsterblich. Sie ist der Lichtfunke Gottes, unser spiritueller Anteil.

Die Seele eines nahestehenden Menschen ist stets da, um zu helfen, um Ihnen Zeichen zu geben, um Ihnen etwas ins Ohr zu flüstern. Sie können sie viel leichter hören als irgendeinen Engel. Achten Sie daher darauf, welche Hilfe diese Seele Ihnen zuteilwerden lässt. Wenn Sie ihre Präsenz spüren und erkennen, dass Sie etwas tun sollten, dann tun Sie es. Bedanken Sie sich bei der Seele des nahestehenden Menschen dafür, dass sie für Sie da ist.

Emotionen verstärken das Gebet. Sie sollten meinen, was Sie sagen, und Dinge nicht einfach routinemäßig wiederholen. Wenn Sie von einer Emotion erfüllt sind, dann bringt das Ihre Seele in den Vordergrund. In der Regel halten wir unsere Emotionen unter Verschluss, weil die Menschen vieler Glaubensrichtungen angewiesen werden, sich nicht bei Gott zu beklagen. Aber wir sind Gottes Kinder, daher dürfen wir mit Gott Klartext reden, so wie ein Kind, ein Teenager und sogar ein erwachsener Mensch mit seinen Eltern redet. Wir sollten in unseren Gebeten offenherziger sein. Das sagen die Engel mir immer wieder. Lassen Sie Ihre Emotionen heraus.

Es gibt einen weiteren wichtigen Aspekt beim Beten: Sie sollten sich dessen vollkommen bewusst sein, dass Sie beten und dass Ihre Emotionen, Ihre Anrufung Gottes von Ihnen kommt, aus jedem kleinsten Teil Ihrer Seele und jedem Teil Ihres menschlichen Körpers. Dann werden Sie sehr authentisch sein.

Je intensiver Sie ins Gebet vertieft sind, desto weniger werden Sie Ihre Umgebung wahrnehmen. So mag beispielsweise der Eindruck entstehen, Sie würden ein sehr langes Gebet sprechen, im Nachhinein allerdings stellen Sie fest, dass es nur ein paar Sekunden gedauert hat. Das liegt daran, dass Sie sich in einem geistigen Zustand befanden. Wenn Sie das bemerken, lächeln Sie und bleiben Sie achtsam dabei. Die Welt ist heutzutage ständig in Eile, und wir meinen, wir hätten keine Zeit.

Hin und wieder sollten Sie beim Beten lauschen, entweder am Ende des Gebets oder noch bevor Sie ein Wort gesagt haben. Ich glaube, jeder, der im Gebet zuhört und diesen Raum der Ruhe aufsucht, kann in irgendeiner Weise eine Stimme wahrnehmen. Manche Menschen sind vielleicht von einer inneren Ruhe und von Frieden erfüllt oder sie wissen einfach, was zu tun ist, oder sie hören – in außergewöhnlichen Fällen – deutlich eine Stimme. Wir sollten uns während des Betens Zeit zum Zuhören nehmen. Möglicherweise hören wir, wie ein nahestehender Mensch, unser Schutzengel oder unsere eigene Seele zu uns spricht. Oder sogar Gott. Und wenn das geschieht, sollten wir es nicht anzweifeln. Wir wissen es einfach. Es wird klar sein.

Viele Menschen fragen mich, wie oft und für wie lange man beten sollte. Anfangs sollten Sie sich in Ihrem geschäftigen Alltag eine Minute zum Beten und danach eine Minute der Ruhe einräumen. Schon nach kurzer Zeit werden Sie länger beten. Dessen bin ich mir sicher. Selbst die Phase der Ruhe wird zum Gebet werden, da Sie lernen, sich in einen meditativen Gebetszustand zu versenken.

Wir alle profitieren auf vielfältige Weise vom Beten. Geist, Seele und Körper profitieren. Die Seele, jener Lichtfunke Gottes, der jeden Teil von uns durchdringt. Sie ist ein Teil von Gott, von Gottes Herz, das reine Liebe ist. Je mehr Sie beten, desto mehr wirkt sich das auf Ihre Seele aus. Zunächst hilft das Gebet Ihnen, sich Ihrer Seele und Ihres spirituellen Selbst bewusster zu werden.

Sodann werden Sie wissen, dass es eine Liebe gibt, die aus Ihrem Inneren stammt, ein strahlendes Licht. Wenn Sie beginnen, das wahrzunehmen, wird sich Ihr physischer Körper anders anfühlen – leichter und in jeder Hinsicht stärker. Aufgrund des Betens und der Verbindung zu Ihrer Seele machen Sie sich nicht mehr so viele Gedanken darüber wie zuvor.

Sie können lernen wahrzunehmen, wie Ihre Seele hervortritt. Wenn Sie spüren, dass Ihre Seele hervorkommt – selbst wenn es nur ein kleines bisschen ist –, werden Sie es genießen. Sie werden lächeln. Möglicherweise kommt es Ihnen nur wie eine Sekunde vor, aber in Wirklichkeit dauert es länger. Alles verschwindet. Ihr Körper wird leichter, Schmerzen und Beschwerden gehen zurück. Möglicherweise sehen Sie Ihre Seele vor sich. Wenn sich Ihre Seele auf diese Weise zeigt, können sich Körper und Seele miteinander verflechten und der Befreiungsprozess beginnt. Natürlich wissen Sie, dass Ihr physischer Körper jederzeit krank werden kann und dass er altern wird, aber aufgrund Ihrer Gebete ist fortan jeder Schritt, den Sie tun, anders. Sie spüren die Kraft und die Essenz des Lebens. Sie erkennen, wie überaus wundervoll es ist, einfach da zu sein, weil Sie nun den Augen Ihrer Seele erlauben, durch Ihre physischen Augen die Schönheit des Lebens um Sie herum zu sehen.

All dies können Sie mit der Kraft des Gebets erreichen. Das Gebet berührt Ihre Seele. Und wenn Ihr physischer Körper krank wird, Ihre Seele jedoch weiß, dass Sie wieder gesund werden und noch viele Jahre hierbleiben sollen, dann werden Sie die innere Stimme hören, die von Ihrer Seele stammt, von Ihrem spirituellen Selbst, wie sie zu Ihnen sagt: »Lass mich dir helfen zu glauben.« Der Glaube, den Sie durch das Beten gewonnen haben, wird Ihnen die Stärke verleihen, gegen Krankheiten anzukämpfen, die Ihren physischen Körper angreifen.

Versuchen Sie, mit reinem Herzen zu beten. Wenn Herz, Geist und Seele beim Beten rein sind, wird es Ihnen leichtfallen. Und je mehr Sie auf diese Weise beten, desto ungehinderter kommt es zur Verflechtung.

Ich denke an die Zeit zurück, als ich ein kleines Mädchen war und der Engel Amen mir das Beten beibrachte. Amen sagte: »Du musst ohne Bösartigkeit in deinem Herzen beten. Du musst dich von deinen Reaktionen auf Menschen lösen, die dir wehtun.« Ich fordere Sie immer wieder dazu auf, Dinge weniger persönlich zu nehmen. Jedes Mal, wenn Ihnen etwas widerfährt, das Sie verletzt, sollten Sie zu sich sagen: »Es ist in Ordnung, ich liebe mein Gegenüber.« Egal, wie klein oder groß die Sache ist, um die es geht, nehmen Sie sich vor, den anderen nicht zu hassen, sondern ihn zu lieben. Ich spreche hier von dem Bemühen, jemanden zu lieben, während Sie sich im kontemplativen Gebet befinden. Es geht darum, anderen an diesem heiligen Ort Liebe entgegenzubringen.

»Sie wissen es einfach nicht besser, Lorna«, sagte der Engel Amen zu mir. Ich verstehe diese Worte, aber ich kann sie nicht vollständig erklären.

Ein Mensch, der betet, wird ein strahlenderer Mensch. Ich weiß nicht, wie ich das genau beschreiben soll. Es ist so, als hätte er seiner Seele erlaubt hervorzutreten, sodass helleres Licht von ihm ausstrahlt.

Der menschliche Körper verändert sich mit der Zeit. Wenn wir die Verflechtung von Körper und Seele zulassen, altern wir nicht, und wir werden nicht krank. Durch das Beten kommt dieser Tag schneller. Körper und Seele bilden gemeinsam einen Strang. Wie bald dieser Tag kommen wird, liegt bei uns.

Manchmal, wenn wir krank werden oder ein Familienmitglied erkrankt, entdecken wir die Kraft des Gebets. Im Gebet bitten wir Gott mit reinem Herzen und Geist sowie mit reiner Seele darum, uns mehr Zeit zu schenken. Wir sagen zu Gott: »Ich möchte, dass mein Angehöriger wieder gesund wird, wenn irgend möglich.« Wir beten, und unsere Familie betet mit uns. Häufig ist dies die Zeit, in der jemand seine Seele wahrnimmt. Wir sollten jedoch nicht warten, bis unser physischer Körper erkrankt, um uns unserer Seele und der Möglichkeiten des Gebets bewusst zu werden.

Das Gebet ist eine mächtige Kraft auf der Welt. Ich sage den Menschen immer wieder, dass Beten Berge versetzen kann, eben weil durch unsere Seele – diesen Lichtfunken Gottes, mit dem wir im Gebet eins werden – Gott machtvoll wirkt. Wir können aus dieser Welt etwas machen, das uns eine Idee davon erhaschen lässt, was der Himmel wirklich ist.

Beten hilft jedem von uns, und es hilft der ganzen Welt. Wir sind alle miteinander sowie mit allen Dingen verbunden. Wenn wir sterben, erkennen wir das klar und deutlich. Aber bis dahin sollten wir häufiger und intensiver beten, sodass wir beginnen, diese Verbindung zu schätzen und stärker zu spüren.

Wir wissen nicht immer, was am besten für uns oder für die Welt ist, aber Gott weiß es. Wenn wir beten, mögen wir vielleicht nicht ganz reale Berge versetzen, aber wir tun uns selbst und der Welt extrem viel Gutes.

Würden doch die Menschen der Welt, ungeachtet welcher Religion und Glaubensüberzeugung, mehr beten! Gebete sind Gebete. Es ist egal, welche Religion Sie ausüben oder ob Sie überhaupt einer Religion oder einer Glaubensgemeinschaft angehören, denn niemand von uns betet je allein. Ihr Schutzengel betet mit Ihnen, und das tun auch die Gebetsengel. Sie verstärken Ihr Gebet ebenso wie viele andere Engel, die beim Beten möglicherweise um Sie herum sind. Sie beten mit Ihnen, wenn sie Sie im

Gebet sehen. Viele arbeitslose Engel, die eventuell nur zufällig vorbeikommen, werden gemeinsam mit Ihnen beten. Für diesen Moment sind sie engagiert. Vielleicht sprechen Sie sogar ein kleines Gebet, wenn Sie auf einer Straße entlanggehen und sich Gedanken oder Sorgen über etwas machen. Unsere Gebete werden immer erhört. Sie schenken uns Hoffnung. Beten hilft uns, daran zu glauben, dass das Unmögliche möglich ist.

**Gebet Deiner Heilengel**
*(von Gott, überbracht durch Michael, deinen Erzengel)*

*Gieße Deine Heilengel,*
*Deine himmlischen Heerscharen aus über mir*
*und über denen, die ich liebe,*
*lass mich den Strahl Deiner Heilengel auf mir*
  *spüren,*
*das Licht Deiner heilenden Hände.*
*Ich werde Deine Heilung beginnen lassen,*
*auf welche Weise auch immer Gott sie gewähren*
  *möge.*
*Amen.*

Ich erinnere mich stets daran, wie der Erzengel Michael an meinem Bett stand und laut aus der Schriftrolle vorlas, die die Worte Gottes für dieses Gebet enthielt. Der Erzengel Michael hatte mich angewiesen, auf keinen Fall zuzulassen, dass irgendjemand die Worte verändert, da es Gottes Worte sind. Der Erzengel Michael überbrachte mir das Gebet lediglich, und ich sollte es dann an die Welt weiterleiten, damit Sie alle die Möglichkeit haben, dieses Gebet zu nutzen, egal welche Religion oder welchen Glauben Sie haben.

Bei diesem Gebet geht es um das Licht der heilenden Hände Gottes. Wenn wir dieses Gebet sprechen, empfangen wir das Licht der Heilung, das direkt von Gott stammt. Wenn Gott uns mit Seiner Hand berührt, umgibt Er uns gleichzeitig mit Seinen Heilengeln, die uns mit diesem Gebet Trost spenden.

Gott lässt uns wissen, dass Er dieses Gebet mit Seinem mächtigsten Engel von allen, dem Erzengel Michael, direkt aus dem Himmel zu uns gesandt hat. Es ist ein machtvolles Gebet. Es erinnert uns daran, die Heilung stets so geschehen zu lassen, wie auch immer Gott sie gewähren mag.

Als das Manuskript von *Engel in meinem Haar* an den Verlag ging, dachte man dort, dieses Gebet sei nicht in korrektem Englisch verfasst, und wollte es verändern. Aber der Erzengel Michael erinnerte mich: »Du darfst ihnen nicht erlauben, die Worte zu verändern, Lorna, da es Gottes Worte sind, nicht die der Menschen.«

Also erklärte ich meinem Verleger, Mark, dass die Worte des Gebets nicht verändert werden durften. Sie mussten genauso bleiben, wie sie waren. Ich erläuterte Mark, warum, und daraufhin stimmte er beherzt zu.

Ich danke Gott und all den Engeln, dass sie jetzt hier bei mir im Zimmer sind, während ich schreibe. Die Schriftrolle, die der Erzengel Michael in seinen Händen hält, ist sehr lang und voll mit Gebeten für dieses Buch. Ich danke Gott dafür, dass er mir all diese wunderschönen Gebete geschenkt hat, und ich danke dem Erzengel Michael, dass er mir sagt, wie sie gesprochen werden sollen. Sie sind aus dem Herzen geschrieben, mit normalen Worten, wie sie aus dem Mund eines Menschen kommen würden, der diese Gebete braucht. Sie sind für Sie und mich bestimmt. Egal welcher Religion Sie angehören, und selbst wenn Sie nicht an Gott oder Engel glauben sollten, dies sind Gebete für Sie.

## Engelarten

Wir beten zu Gott. Wir beten nicht zu Engeln, aber wir können und sollten sie um Hilfe bitten, auch beim Beten. Die Heilengel sind eine Engelart, die wir in diesem Buch um Hilfe ersuchen werden. Heilengel sind groß und elegant. Sie strahlen leuchtend hell. Sie sind von Kopf bis Fuß in Gewänder gekleidet, die fein wie Seide wirken. Ihre Hände sehen sehr feingliedrig aus. Jeder Teil von ihnen strahlt lichtvoll.

Wenn ich Heilengel sehe, befinden sie sich in der Regel in einer Fünfergruppe. Stets sind sie sehr nah beieinander und immer ins Gebet vertieft. Sie erscheinen mit einem undeutlichen menschlichen

Umriss. Wenn sie jemandem eine Heilung angedeihen lassen, halten sie ihre Hände über der Person ausgebreitet. Es ist ein unglaublicher Anblick zu sehen, wie Lichtstrahlen vom Himmel herabkommen, von Gott, und durch die Körper dieser Engel hindurchgehen und aus deren Händen hervorleuchten. Es dauert nur einen Moment, dann sind sie wieder verschwunden.

Jeder Erzengel hat eine eindrucksvolle Präsenz und eine mächtige Kraft. Ich werde Ihnen einen davon beschreiben – den Erzengel Michael. Wenn er in voller Pracht erscheint, trägt er eine goldene Krone auf dem Kopf sowie Gewänder in Weiß und Gold, die an der Taille durch einen goldenen Gürtel mit schwarzer Schnalle zusammengehalten werden. Es wirkt stets so, als seien seine Gewänder lose über ihn gehängt und als reichten sie ihm nur bis zu den Knien. Er trägt seinen mächtigen Schild, der ein strahlendes goldsilbernes Licht reflektiert, sowie ein Schwert. Manchmal hält er Schild und Schwert in die Höhe, sodass sie glitzern wie das Licht der Sonne. Es gibt viele andere Erzengel, die ich ebenfalls in meinen Büchern beschrieben habe, einschließlich des Erzengels Gabriel und des Erzengels Raphael.

Ihrem Schutzengel kommt kein anderer Engel auf der Welt gleich. Er ist weder männlich noch weiblich, aber manchmal wird er Ihnen das Gefühl geben, dass er männlich ist, und dann wieder, dass er weiblich ist. Ihr Schutzengel hat eine menschliche Erscheinung. Er ist extrem schön und sehr schwer zu beschreiben.

Er kann in unterschiedlichen Farben gekleidet sein. Zu bestimmten Zeiten tragen Schutzengel prunkvolle Gewänder, oder sie sind in einem Stil gekleidet, den wir auf dieser Welt noch nie gesehen haben.

Ihr Schutzengel ist außergewöhnlich. Er ist erfüllt von Licht, und es würde ewig dauern, jedes Detail von ihm zu beschreiben. Daher werde ich nur einen Aspekt herausgreifen – die Augen. Sie sind voller Licht wie die Sterne am Himmel. Doch es handelt sich um das Licht der Liebe.

Zu äußerst seltenen Gelegenheiten kann ein Schutzengel seinen Augen eine bestimmte Farbe verleihen, doch meist kann ich ihre Augen nur wie die Sterne am Himmel beschreiben. Sie sind so hell und strahlend. Man kann sehen, wie die Liebe von den Augen Ihres Schutzengels auf Sie strahlt.

Ihr Schutzengel kann niemals der Schutzengel eines anderen sein. Er hat nur Augen für Sie, und Sie sind für ihn die Nummer eins. Er liebt Sie bedingungslos. Sie sind einzigartig und wunderschön, und für Ihren Schutzengel gibt es niemand anderen auf der Welt wie Sie.

In vielen Gebeten in diesem Buch werden Schutzengel erwähnt. Wenn Sie den Namen Ihres Schutzengels kennen, sollten Sie sich frei fühlen, das Wort »Schutzengel« durch diesen Namen zu ersetzen. So können Sie die Gebete persönlicher gestalten.

Wir können auch dafür beten, dass uns die arbeitslosen Engel bei den ganz einfachen Dingen im Leben helfen, was sie überaus bereitwillig tun, wenn wir

Unterstützung benötigen. Arbeitslose Engel sind Engel, die ich vom Himmel herabfallen gesehen habe, seitdem ich ein Kind war. Es sind prachtvolle Engel. Während sie fallen, scheinen ihre Flügel um sie herumgewickelt zu sein. Wenn sie der Erde näher kommen, öffnen sie sich langsam. Wie bei allen Engeln berühren auch ihre Füße nie den Boden. Sie strahlen lichtvoll und haben eine wunderschöne menschengleiche Erscheinung.

Es ist sehr empfehlenswert, die Naturengel anzurufen. Sie können überall zu ihnen beten, besonders wenn Sie erkennen, dass die Natur in Not ist, oder wenn sie Ihnen einfach in den Sinn kommt. Die Naturengel tun bereits viel, aber wenn wir sie um Unterstützung bitten, verleihen wir ihnen mehr Macht. Wir erlauben ihnen zudem, uns stärker anzutreiben, da wir in gewisser Weise die Schutzengel der Natur sind. Wir haben die Aufgabe, auf die Natur achtzugeben.

Es gibt viele Naturengel. Ich sehe stets, wie sie sich um leidende Tiere kümmern und uns herbeiwinken, damit wir ihnen helfen. Sie sind überaus liebevoll und fürsorglich. Manchmal öffnen sie ihre Flügel und legen sie um ein sterbendes Tier. Ich weiß, dass sie ihm die Schmerzen nehmen.

Der Wasserengel hat eine weibliche Erscheinung. Er ist wunderschön und wie die Farben des Regenbogens, die durch Wasser reflektiert werden. Er ist elegant und bewegt sich so sanft wie eine Welle. Er repräsentiert das gesamte Wasser unseres Planeten.

Der Baumengel ist ein weiterer wunderschöner weiblicher Engel. Es handelt sich dabei wie bei so vielen anderen nur um *einen* Naturengel. Aber dennoch befindet er sich in jedem Baum. Wenn ich ihn sehe, ist er überaus hübsch. Er hat all die bernsteinartigen und grünen Farben der Bäume und bewegt sich mit den Ästen. Ich sehe ihn nur zu seltenen Gelegenheiten. (Jede Tierart hat ihren eigenen Schutzengel, aber es gibt nur einen Engel für alle Baumarten.)

Je mehr Sie beten, desto offener werden Sie. Wenn Sie sich an einen spirituellen Platz begeben, etwa in einen Wald, an einen See oder ans Meer, werden Sie eher all der Engel gewahr, die Sie umgeben, der geistigen Wesen und der Heiligen aus der Vergangenheit, die sich dafür eingesetzt haben, dass die Natur gut gedeiht. Sie machen sich diese Dinge bewusst. Sie beginnen zu wissen. Vielleicht betrachten Sie einen Baum und sehen den Baumengel nicht, aber Sie erkennen, wie wunderschön der Baum ist. Sie beginnen dafür zu beten, dass er immer so prächtig bleiben möge.

Lehrengel halten stets ein Lernsymbol in der Hand. In der Regel ist es ein Objekt, das etwas mit dem zu tun hat, was der jeweilige Engel lehrt. Es kann aber auch ein Buch oder ein Bleistift sein. Manchmal schreibt ein solcher Engel etwas an eine Schultafel. Lehrengel wirken stets ein wenig betulich, sind aber voller Güte und Liebe. Lehrengel sind strahlend hell und reflektieren das Licht. Und manchmal scheint ihre Kleidung sich leicht in einer Brise zu bewegen, selbst wenn keinerlei Windhauch zu spüren ist.

Ein weiterer wichtiger weiblicher Engel ist der Engel der Mutterliebe. Er ist rund wie die Sonne und riesengroß. Seine Flügel sind um ihn herumgelegt, aber leicht geöffnet wie bei einer Glucke. Die Arme sind stets bereit, uns herzlich zu umfangen. Seine Farbe ist irgendein Farbton zwischen Cremefarben und Weiß. Der Engel ist durchsichtig, und man kann ein sehr helles, reflektierendes Licht wahrnehmen, das aus seinem Inneren kommt. Aber man kann nicht durch ihn hindurchsehen.

Das Gesicht strahlt Liebe und Licht aus, die Augen sind groß wie Untertassen. Aus ihnen funkelt das Licht der Mutterliebe. Der Engel hat wundervolles, weiches, cremeweißes lockiges Haar. Er scheint eine einzige Einladung zu Umarmungen zu sein – so sehr, dass man ihm in die Arme fallen, ihn einfach nur herzen und von ihm zurückgeherzt werden möchte. Der Engel der Mutterliebe ist für Sie alle da, egal wie sehr Ihre eigene Mutter Sie liebt oder wie sehr Sie davon überzeugt sein mögen, dass sie das nicht tut.

Die Gebetsengel sind wie ein unendlicher Wasserfall, der nach oben statt nach unten fließt und aufgrund des strahlenden Lichts der Engel hell leuchtet. Die Engel fliegen mit unseren Gebeten geradewegs zum Himmel hinauf und fördern sie somit.

Der Engel Amen hat mich wie gesagt als Kind gelehrt zu beten. Amen war wunderschön, saß häufig auf meinem Bett und hatte stets eine weibliche Erscheinung. Er sieht schlank, elegant und extrem hübsch aus und trägt ein leuchtendes Kleid mit einer

Nuance von wasserfarbenem Blau, Rosa und manchmal sogar Gold. Der obere Teil des Kleides, das sich nie verändert, ist auf altmodische Weise mit Rüschen versehen. Die Haare fließen sanft über die Schultern hinab. Dieser hübsche Engel erklärte mir stets, dass wir am Ende jedes Gebets »Amen« sagen sollten. Aber falls wir es nicht tun, wird ein Gebetsengel dies für uns übernehmen.

# Kapitel 2

## Die Verbindung zur Natur, zu den Tieren und zu uns selbst vertiefen

Es fällt Menschen auf der ganzen Welt schwer zu verstehen, warum einige von uns so grausam zu Tieren sind. Wenn ich als Kind jemanden sah, der ein Tier schlecht behandelte, erklärten mir die Engel, dies geschehe gelegentlich aufgrund von Angst, Zorn oder Hass, die durch bestimmte Ereignisse im Leben eines Menschen hervorgerufen worden seien. Und manche Leute meinen, sie hätten das Recht, grausam zu sein. Sie denken, sie könnten sich an dem Tier abreagieren, weil es angeblich weniger unter Schmerzen und Angst leidet als wir. Aber das ist ein Irrtum. Wenn wir grausam zu einem Tier sind, ist es entsetzt. Seien Sie gut zu Tieren, selbst wenn Sie Angst vor ihnen haben. Manche Menschen haben Phobien. Sie fürchten sich vor Hunden und Katzen, manchmal auch vor Vögeln oder Spinnen. Machen Sie sich jedoch stets bewusst, dass Sie deshalb kein Recht haben, sich grausam zu verhalten. Es gibt keinen Grund, andere Lebewesen zu verletzen. Auch wenn Sie Angst vor Vögeln haben, können Sie diese im Winter trotzdem füttern – im hinteren Teil Ihres Gartens, wo sie Ihnen nicht zu nahe sind.

Als ich ein Teenager war, hatte ich eine Freundin mit einer Hundephobie. Ich sagte ihr, sie brauche keine Angst zu haben, und riet ihr, geradeaus zu schauen, wenn sie an einem Hund vorbeigehen müsse. Dann werde der Hund keine Notiz von ihr nehmen. Eines Tages spielte ein kleiner Hundewelpe mit ein paar Kindern auf einer Wiese. Der Welpe lief schnurstracks auf meine Freundin zu, woraufhin sie einen Schrei ausstieß und dem kleinen Hund einen heftigen Tritt versetzte. Der Welpe jaulte vor Schmerzen auf und lag fiepsend auf dem Gras. Meine Freundin sagte erschrocken: »Ich wollte ihm wirklich nicht wehtun. Ich hatte nur Angst, dass er zu mir kommen und mich berühren würde. Es tut mir so leid.« Sie hatte Tränen in den Augen.

Der Welpe war von Engeln umgeben. Ich kniete bei ihm nieder, berührte ihn mit den Händen und bat Gott darum, ihm die Schmerzen zu nehmen. Kurz darauf begann der kleine Welpe mit dem Schwanz zu wedeln.

Die kleinen Kinder, denen der junge Hund gehörte, sagten zu meiner Freundin: »Ein Welpe würde dir nie wehtun. Er ist ganz lieb.«

Die Kinder nahmen den Welpen auf den Arm, und eins der kleinen Mädchen fragte meine Freundin: »Möchtest du ihn gern streicheln?«

»Nein«, antwortete meine Freundin, »aber es tut mir sehr leid. Ich werde das nie wieder tun.« Ich sah, wie ihr Schutzengel liebevoll die Arme um sie legte.

Der Engel Jimazen ist ein riesiger Engel und der Torhüter unseres Planeten Erde. Er tut alles, um ihn zu beschützen, und schickt uns ständig Botschaften, wie wichtig und wertvoll alles Leben ist. Dieser gewaltige Engel trägt eine rotgoldene Rüstung mit einem Hauch von Schwarz darin. Und natürlich hält er in der rechten Hand den Holzstock – so nannte ich diesen als Kind. Manche Menschen würden ihn als Stab bezeichnen. Er ist ebenfalls sehr groß. Der Engel Jimazen ist ein Riese. Er tut alles, was in seiner Macht steht, um unseren Planeten zu beschützen, um Mutter Erde zu besänftigen, aber er kann es nicht allein tun.

Wir selbst, jeder Mann, jede Frau und jedes Kind, sind die Schutzengel unseres Planeten, der gesamten Natur. Es ist an uns, die Tiere dieses Planeten – einschließlich der kleinen Krabbeltiere, der Insekten, vor denen wir manchmal so viel Angst haben – sowie alle Pflanzen, Bäume und Flüsse zu beschützen. Wir brauchen die Natur. Sie macht unseren Planeten zu einem wunderschönen Lebensort. Wir sollten jeden Tag für den Schutz der Natur auf unserer Erde beten sowie dafür, dass alle Menschen ihre Augen öffnen, damit wir die richtigen Schritte unternehmen, um unseren Planeten sowie die Natur zu bewahren. Dann werden wir in der Lage sein, die Schönheit der Erde zu genießen und all die wundervollen Geschenke auszukosten, die sie uns macht.

**Gebet für die Natur und den Planet Erde**
*Gott, hilf uns allen, zu Beschützern unseres*
*wunderschönen Planeten zu werden,*
*den Du uns geschenkt hast.*
*Öffne uns die Augen und hilf uns zu erkennen,*
*dass wir die Schutzengel unseres wunderschönen*
*Planeten Erde sind.*
*Wir haben keinen Grund, diesen Planeten zu*
*zerstören –*
*hilf uns, unsere wunderschöne Erde zu retten.*
*Amen.*

Wir sollten dafür beten, dass unsere Regierungen die richtigen Entscheidungen treffen, um die Natur zu schützen, und dabei nicht zu sehr durch den Kostenaufwand beeinflusst werden. Die Weltbevölkerung muss Druck ausüben, damit die Regierungen die richtigen Entscheidungen treffen. Wir können nicht ohne die Natur leben.

## Gebet für meine kranke Katze

*Gott, ich bete jeden Tag zu Dir*
*und bitte Dich, meine Katze, die sehr krank ist, mit*
*Deinen Engeln zu umgeben.*
*Es tut mir weh, meine Katze leiden zu sehen,*
*und ich wünsche mir nur das Beste für meine*
*Katze.*
*Ich möchte Dich lediglich erinnern, Gott,*
*bitte lass meine Katze wieder gesund werden.*
*Ich liebe sie sehr.*
*Amen.*

Mit diesem Gebet bringen Sie Gott gegenüber zum Ausdruck, wie sehr Sie Ihre Katze lieben. Gott hat zugelassen, dass Sie und Ihr Tier Zuneigung zueinander entwickeln. Die Liebe, die Sie Ihrer Katze entgegenbringen und die Ihre Katze erwidert, schafft eine Verbindung, die Ihnen viele glückliche Erinnerungen und trostreiche Momente beschert. Vielleicht denken Sie daran, wie Ihre Katze neben Ihnen auf dem Bett lag und Sie sie hinter den Ohren gekrault haben, während sie zusammengerollt schnurrte.

Als Kind machten die Engel mich darauf aufmerksam, dass meine Katze namens Tiger mir etwas vorsang. Ihre Katze, egal wie Sie sie genannt haben, ist ein sehr enger Freund für Sie geworden, und wenn sie für Sie singt, bedankt sie sich bei Ihnen dafür, dass Sie so fürsorglich, liebevoll und sanft mit ihr umgehen – dass Sie sich um sie kümmern.

Wenn Sie dieses Gebet sprechen, können Sie sicher sein, dass Gott Ihre Katze mit Engeln umgibt, um ihr zu helfen und damit sie wieder gesund wird, sofern dies das Beste für Ihre Katze ist.

**Gebet für meine vermisste Katze**

*Gott, meine Katze ist verschwunden,*
*ich habe überall nach ihr gesucht.*
*Ich habe sämtliche Nachbarn gefragt, ob sie meine*
*    Katze gesehen haben,*
*aber alle haben das verneint.*
*Daher bitte ich Dich, Gott, Deine Engel aufzufordern,*
*meiner Katze zu helfen, den Weg zurück nach Hause*
*    zu finden.*
*Und wenn meine Katze nicht zu mir nach Hause*
*    zurückkommen kann,*
*bitte ich darum, dass sie stets behütet ist und von*
*    jemand anderem so geliebt wird, wie ich meine*
*    Katze geliebt habe.*
*Amen.*

Auch dieses Gebet kann ich an Sie weitergeben, denn sehr viele Menschen bitten mich: »Könnten Sie ein Gebet für meine vermisste Katze schreiben?« Auf dass die Katze, die sie so sehr lieben, ihren Weg zurück nach Hause findet.

Es ist sehr wichtig, für ein Tier zu beten, das Hilfe braucht. Aber wir sollten auch für Tiere beten, wenn sie keine dringende Hilfe benötigen, denn sie brauchen den Schutz der Engel ebenfalls. Wir sollten uns zudem bewusst machen, dass auch wir die Schutzengel von Tieren sind. Sie sind der Schutzengel Ihres Haustieres, egal was für ein Tier Sie auch haben mögen, ob es sich um einen Hund, eine Katze, einen Vogel, ein Pferd oder um einen Esel handelt.

**Gebet für meinen Hund**

*Ich möchte Dir gern sagen, Herr,*
*dass mein Hund operiert wird.*
*Ich bitte die Engel darum, meinen Hund zu*
*    umgeben,*
*ihn in ihren Armen zu halten*
*und ihn zu behüten, während der Tierarzt ihn*
*    operiert.*
*Bitte, ihr Engel, lasst die Operation erfolgreich*
*    verlaufen,*
*denn ich liebe meinen Hund, mein Herr.*
*Amen.*

Einmal wurde unsere Holly operiert. Sie ist unser kleiner, weißer, flauschiger Hund. Eine Geschwulst am Bein musste entfernt werden. Ich sprach dieses Gebet für sie.

Ich erinnere mich gut an den Moment, als ich Holly beim Tierarzt abgab, denn ich sah vier wunderschöne Engel, die ihre Hände unter sie gelegt hatten.

Sie trugen unseren kleinen Hund genau so, wie die Tierarzthelferin es tat. Als ich mich verabschiedete, streichelte ich Holly kurz und sagte ihr, wir würden uns bald wiedersehen. Daraufhin wedelte sie mit dem Schwanz.

Natürlich weiß Gott es bereits, wenn unser Hund krank ist, aber als Menschen betrachten wir Gott als Vater. Wir möchten ihm Dinge so erzählen, wie ein Kind sie seinem Vater erzählt. Wir erinnern Gott an etwas, obwohl Er nicht erinnert werden muss. Das hilft uns, stärker ins Gebet eingebunden zu sein. Darüber hinaus basiert unser Gebet in höherem Maß auf unseren Emotionen, wenn wir Gott etwas erzählen.

Indem wir auf diese Weise beten, entwickeln wir eine persönlichere Beziehung zu Gott. Gott ist nicht unerreichbar. Es ist, als stünde Er bei der Tür, als säße Er neben uns. Wenn wir so mit Gott sprechen, fördern wir die Spiritualität auf der Welt. So sollte es sein. Wir möchten unsere Beziehung zu Gott verändern, um Ihm näher zu sein. Er ist unser Vater und auch unser Freund. Heutzutage sehnen sich die Menschen nach einer solchen Beziehung zu Gott.

Die Engel trösten die Tiere stets, aber wenn Sie etwas für Ihr Haustier erbitten, besonders wenn es operiert wird, sollten Sie die Engel dazu anhalten, sich um das Tier herum zu versammeln, damit es sich sicher fühlt. Fordern Sie die Engel auf, Ihnen Ihr Haustier nach der Operation zu übergeben. Von diesem Moment an sind Sie sein Schutzengel. Sie werden sich um Ihr Haustier kümmern, geben ihm seine

Arznei und bringen ihm Liebe entgegen. Ihre Liebe wird seine Genesung beschleunigen.

Als Kind sagten die Engel manchmal zu mir, wenn ein kleines Tier krank war: »Halte es einfach in deinen Händen, Lorna, und schenke ihm deine Liebe.« Und ich tat, wie sie es mich geheißen hatten. Es funktionierte und machte mich stets sehr glücklich. Ich bin davon überzeugt, dass jeder in der Lage ist, so etwas zu tun, da wir alle diese Kraft haben, die aus unserer Seele stammt. Vielleicht wird nicht jedes Tier wieder gesund, aber seine Schmerzen können gelindert werden. Möglicherweise stirbt ein Tier auch friedlich in Ihren Armen. Häufig wird es jedoch wieder genesen. In Fällen wie diesen findet zusätzlich zum emotionalen Geschehen auch ein spiritueller Prozess statt.

Wenn Sie Ihren Hund betrachten, wie er nach der Operation bei Ihnen zu Hause auf dem Hundebett liegt, sollten Sie sich bewusst machen, dass die Engel immer noch da sind und Sie dabei unterstützen, wenn Sie sich um Ihren Hund kümmern. Wenn es ihm wieder gut genug geht, werden die Engel ihn verlassen. Ich habe diesen Engeln noch nie einen Namen gegeben, aber es handelt sich um besondere Engel, die für verletzte, kranke oder von Schmerzen geplagte Tiere da sind. Die Engel sind da, um die Tiere zu beruhigen und ihnen die Angst zu nehmen. Sie fordern uns auch auf, Hilfe für das Tier zu holen. Sie sind wie Licht, das in einen goldenen Umhang gehüllt ist. Stets haben sie lange Hände mit langen Fingern, die sie zu den Tieren hin strecken, um sie zu streicheln. Irgendwo gibt es immer einen Hund, der die Liebe der Engel braucht.

Diese Engel mögen es sehr, wenn der Besitzer sich seinem Hund zuwendet und zu den Engeln sagt: »Ihr werdet nicht mehr gebraucht. Ihr könnt gehen. Ich kann mich selbst um meinen Hund kümmern.«

Die Engel lächeln ihn dann an und sagen: »Wir danken dir.« Daraufhin umarmen sie den Hund noch aufs Allerherzlichste, damit er weiß, dass sie wieder für ihn da sein werden, falls er sie braucht.

Diese Engel sind für alle Tiere da: für Haustiere sowie für gezähmte und wilde Tiere. Sie sind nicht die ganze Zeit bei einem Tier. Sie sind nur anwesend, wenn sie gebraucht werden, aber vor allem wenn ein Tier im Sterben liegt. Dann trösten sie es und helfen ihm dabei, in Frieden zu sterben.

### Gebet für mein Pferd

*Ich bitte Dich, Gott, mein Pferd mit Engeln zu*
*   umgeben.*
*Ich bitte Dich einfach um ein Wunder.*
*Ihr Engel bei meinem Pferd,*
*ich bitte euch, Gott zu ersuchen,*
*dass Er dieses eine Wunder wirkt,*
*ich bitte darum, weil ich mein Pferd liebe.*
*Amen.*

Vor vielen Jahren habe ich einen liebenswerten jungen Mann kennengelernt. Er hatte ein Pferd, das er sehr liebte. Eines Tages brach sich das Pferd ein Bein, und der Mann war am Boden zerstört. Er erzählte mir, er habe immer wieder zu Gott gebetet und ihn die ganze Zeit angefleht: »Bitte sorge dafür, dass der Tierarzt in der Lage ist, etwas für mein Pferd zu tun.«

Er bat mich, ebenfalls dafür zu beten. Er sagte: »Mein Pferd braucht ein Wunder, Lorna.«

Ich versprach es ihm, und nachdem ich mich von ihm verabschiedet hatte, fragte ich die Engel: »Wird ein Pferd, das sich ein Bein gebrochen hat, nicht eingeschläfert? Vielleicht ist das Bein gar nicht gebrochen.«

Während ich die Straße entlangging, betete ich. Ich wusste, dass Gott das Pferd mit Engeln umgab. Am Ende wirkte Gott ein Wunder für dieses Pferd.

Viele Menschen, die Pferde haben, bitten mich, darum zu beten, dass ihr Pferd wieder gesund wird. Manchmal hat ein Pferd ein Verdauungsproblem, und sein Besitzer wünscht sich Gebete, damit dieses Problem gelöst wird. Viele berichten mir, dass ihr Pferd sehr nervös ist und sie es häufig beruhigen müssen oder dass es Angst davor hat, in einen Pferdeanhänger zu gehen, weil es darin sehr eng ist.

### Gebet für alle leidenden Tiere

*Gott, bitte hilf*
*allen leidenden Tieren.*
*Schicke Deine Engel, damit sie die Tiere umgeben*
*und ihnen Trost spenden.*
*Lass uns ihre Rufe hören,*
*lass die Menschen ein Herz voller Liebe für alle*
*Tiere haben,*
*um die Grausamkeiten zu beenden.*
*Amen.*

### Gebet für die Engel, die ein Tier trösten

*Ich danke Dir, mein Gott, dass Du die Tiere von*
*Deinen Engeln trösten lässt.*
*Ich weiß, dass Deine Engel da sind und ihre Arme*
*um ein leidendes Tier legen.*
*Deine Engel sind stets an seiner Seite, wenn sie*
*gebraucht werden.*
*Danke, ihr Engel, dass ihr das für all die Tiere auf*
*der Welt tut.*
*Danke, mein Gott.*
*Amen.*

Seit meiner Kindheit mag ich dieses Gebet sehr gern.
Mein ganzes Leben lang habe ich beobachtet, wie die
Engel Tiere getröstet haben. Ob es ein leidender
Hund war, der von einem Auto angefahren worden
war, oder ein Tier auf dem Bauernhof oder ein Vogel

oder irgendein anderes wild lebendes Tier in der Natur.

Wenn ich neben Joe im Auto auf dem Beifahrersitz saß und zum Fenster hinausblickte, sah ich manchmal für einen kurzen Moment einen Engel, der ein Tier tröstete und es am Rücken streichelte. Das konnte zum Beispiel eine Kuh oder ein Pferd sein, und ich wusste, dass der Engel ihm seine Angst nahm.

Die Engel halten uns stets dazu an, auf die Natur zu achten, uns um unsere Haustiere zu kümmern sowie unsere Stimme zu erheben, wenn wir mitbekommen, dass ein Tier grausam misshandelt wird. Es ist wichtig, dass wir furchtlos sind, da Tiere manchmal sehr viel Angst haben und sogar erschreckt und panisch sein können, wenn sie schlecht behandelt werden. Sie verstehen es nicht. Wir wissen, dass es auf der ganzen Welt zu solchen Grausamkeiten kommt.

Die Erzengel Michael und Raphael haben mich mehrfach darauf hingewiesen, dass jemand, der grausam zu einem Tier ist, sich auch den Menschen gegenüber grausam verhält. »Es ist in Ordnung, wenn du Tiere nicht magst oder Angst vor ihnen hast«, erklärte mir der Engel Raphael. »Entspanne dich einfach, denn die Tiere haben ebenfalls Angst vor dir.«

Die Engel haben mich gelehrt, angesichts wild lebender Tiere vorsichtig zu sein, und das sollten wir alle beherzigen. Aber das bedeutet nicht, dass wir ein Tier, das in unserem Land in der Natur lebt, schlecht behandeln oder ihm sein Zuhause wegnehmen sollten. Die Engel erinnern mich stets daran, dass wir diesen Planeten mit allen Tieren teilen müssen.

Ich beklage mich häufig bei Gott, Er sollte doch jedem Menschen erlauben, die Engel zu sehen oder auch nur einen flüchtigen Blick von einem Engel zu erhaschen, besonders von einem Engel, der ein Tier in Not tröstet. Es ist ein wunderbarer Anblick, wenn ein Engel seine Arme um ein Tier legt und es sanft anpustet. Das beruhigt das Tier. Ich habe dies in meinem Leben viele Male gesehen. Ich konnte es auch beobachten, wenn ein Tierarzt sich um ein erkranktes Tier kümmerte.

Ich sage Gott, es wäre doch großartig, wenn wir alle das sehen könnten, weil wir dann liebevoller mit uns selbst und der Natur umgehen würden. Wir würden unseren Planeten besser beschützen. Es gibt so viele Gebete, die ich für die Natur schreiben könnte, eines für jedes Tier, jeden Vogel oder jedes Insekt, für all die Fische und all die vielfältigen Lebensformen, die in unseren Flüssen und Meeren leben.

**Gebet für unsere Flüsse und Meere**
*Lieber Gott,*
*Engel des Wassers, der Ozeane und Flüsse,*
*all der Orte, an denen Wasser in unsere Erde*
*hineinsickert.*
*Helft der Menschheit, auf den Wasserengel zu*
*hören,*
*die Ozeane und Flüsse lebendig zu halten,*

*das Wasser für die Menschheit und die Natur rein zu*
  *halten.*
*Amen.*

Ich habe diesen Engel häufig gesehen. Das Gebet soll all unsere Ozeane und Flüsse beschützen sowie jeden Ort, an dem Wasser in die Erde sickert. Ich weiß, dass Gott bestimmte Engel auf dem Planeten verteilt hat, um der Natur zu helfen. Er hat dies getan, um dem Engel Jimazen zu helfen, dem Torhüter unserer wunderschönen Erde.

Einer dieser Engel wird als Wasserengel bezeichnet. Wenn dieser weibliche Engel aus dem Fluss kommt und auf einem Felsen sitzt, ist er wie das Wasser. Wenn er die Hand ausstreckt, um meine zu berühren, tropft Wasser von seinen Fingerspitzen herab. Er ist wie die Farben des Regenbogens – mit sanften pastelligen Nuancen. Alles an diesem Engel ist aus Wasser, und das in menschlicher Erscheinung. Es handelt sich nur um *einen* Engel, aber der Wasserengel ist überall dort, wo es Wasser gibt.

Manchmal erzählte er mir, wie stark ein Fluss verschmutzt war und woran das lag. Als ich einmal in Amerika war, kam der Wasserengel aus dem Ozean. Ich hatte ihn nicht erwartet und war entsetzt über das, was ich sah. Er tauchte nur für einen kurzen Moment auf, doch er war über und über mit dunklem, schwarzem, klebrigem Öl bedeckt. Ich war schockiert, wie viel Öl an ihm herunterlief. Können Sie sich vorstellen, diesen wunderschönen Engel zu sehen, so völlig verschmutzt? Er ist ein Teil des Ozeans und aller anderen Gewässer, denn er ist überall dort, wo es Wasser gibt.

Der Wasserengel sah so aus, wie das Meer dort an diesem Tag war – schwarz, scheußlich, um Luft ringend. Er gab sich wirklich Mühe, mir zu zeigen, was mit dem Leben im Ozean sowie auf der Wasseroberfläche passiert. Wäre er kein Engel gewesen, hätte ich gedacht, dass er stirbt, aber Engel sterben nicht. Die Meere, Flüsse und Bäche sterben allesamt aufgrund der Umweltverschmutzung und mit ihnen alles Leben, das darin ist. Rufen Sie mit diesem Gebet den Wasserengel an, damit er der Menschheit hilft, unsere Meere nicht länger zu verschmutzen.

Vor langer Zeit dachte man, so etwas wäre gar nicht möglich. Wir glaubten, wir könnten die Weltmeere wegen ihrer schieren Größe nicht verseuchen. Also warfen wir sämtliche Abfälle in die Ozeane und dachten, das wäre nicht schlimm. Aber mittlerweile wissen wir es besser. Wir haben sie vergiftet und zerstört, einschließlich der Fische und der Krustentiere – einfach alles. Wir ernten selbst Nahrung aus dem Meer und wissen nun, dass wir uns und unsere Kinder vergiften. Sie sollten daher beten und Ihren Teil dazu beitragen, um Mutter Natur zu schützen. Lassen Sie uns alle das Anliegen des Wasserengels teilen, um unsere Gewässer zu bewahren.

### Gebet für einen Baumengel

*Gott,*

*öffne mir die Augen,*

*damit ich die Schönheit des Baumengels in jedem*
  *Baum erkennen kann,*

*während der Baum die Luft reinigt, die ich atme,*

*zu jeder Jahreszeit.*

*Amen.*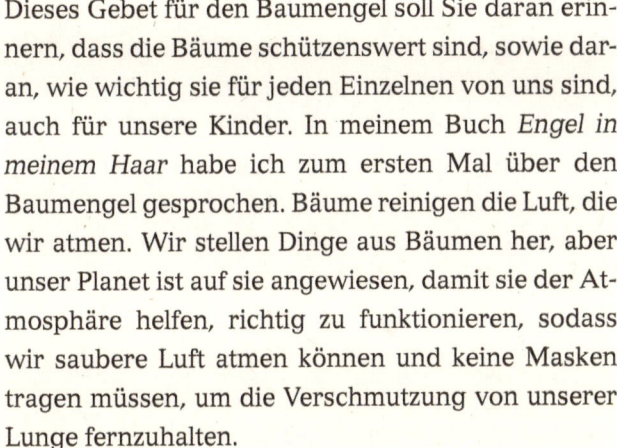

Dieses Gebet für den Baumengel soll Sie daran erinnern, dass die Bäume schützenswert sind, sowie daran, wie wichtig sie für jeden Einzelnen von uns sind, auch für unsere Kinder. In meinem Buch *Engel in meinem Haar* habe ich zum ersten Mal über den Baumengel gesprochen. Bäume reinigen die Luft, die wir atmen. Wir stellen Dinge aus Bäumen her, aber unser Planet ist auf sie angewiesen, damit sie der Atmosphäre helfen, richtig zu funktionieren, sodass wir saubere Luft atmen können und keine Masken tragen müssen, um die Verschmutzung von unserer Lunge fernzuhalten.

Ohne Bäume verwandelt sich das Land in eine Wüste, und es gibt keinen Regen mehr. Wir brauchen Bäume und müssen beginnen, auf der ganzen Welt die in der jeweiligen Region heimischen Bäume anzupflanzen.

Der Baumengel möchte, dass wir ihn in jedem Baum erblicken, in den grünen Blättern, den roten Blättern und den vielen anderen Farben. Wenn der

Herbst kommt, wenn die Blätter sich braun und golden färben und die prächtigen bernsteinfarbenen Schattierungen annehmen, bevor der Baum in den Schlaf geht, ist der Baumengel noch da. Sogar wenn die Äste kahl sind und der Baum ziemlich nackt aussieht, ist er nicht allein. Der Baumengel ist anwesend und bittet uns, die Bäume zu beschützen, weil er weiß, dass wir sie brauchen.

Der Baumengel ist ein wunderschöner Engel, der sich mit den Ästen und Blättern bewegt. Er ist in jedem Baum, allerdings ist er nur ein einziger Engel. Hören Sie daher auf diesen Engel. Pflanzen Sie Bäume in Ihrem Land – wie gesagt heimische Arten –, denn Ihr Land braucht Bäume. Es gibt nicht genug Bäume auf dem Planeten. Pflanzen Sie daher bitte so viele, wie Sie nur können. Lassen Sie nicht zu, dass sie gefällt werden. Das sollte nur geschehen, wenn sie krank sind, auf natürliche Weise umfallen oder eine Gefahr darstellen.

**Gebet um ein Wunder für unseren Planeten**
*Ich bitte all die Engel,*
*zum Himmel zu eilen,*
*an jedem Tag,*
*und Gott inständig um ein Wunder zu bitten*
*für unseren schönen Planeten*
*sowie darum, uns zu erwecken.*
*Amen.*

Wenn wir für Mutter Erde beten, ersuchen wir Gott, uns dabei zu helfen, eine Verbindung zur Natur herzustellen, damit wir Mutter Erde in Zukunft durch die Kraft des Gebets beschützen können, die wir in uns haben. Wenn wir für den Regen oder für die Pflanzen beten, für das Wachstum der Bäume oder dafür, dass das Leben in unsere Flüsse zurückkehrt, sind wir Teil des Gebets, was dazu führt, dass diese Tür geöffnet wird. Es führt dazu, dass das Gebet mit Gott eins wird. Und wenn wir tun, was wir tun müssen, um die Natur zu schützen, wird uns die Kraft geschenkt, die Natur zu heilen, sodass wir leben können.

**Gebet um Wachstum und eine gute Ernte**
*Gott,*
*ich bitte Dich, der Erde Wachstum zu schenken,*
*und ich bitte Dich, dass die Samen, die ich gepflanzt*
*    habe, aus der Erde hervorsprießen*
*und dass meine Pflanzen gesund und kräftig*
*    wachsen,*
*sodass mir das Land eine gute Ernte beschert.*
*Amen.*

**Gebet um Regen**

*Gott, ich bitte Dich inständig,*
*lass den Regen kommen.*
*Das Land trocknet aus und wird unfruchtbar.*
*Wenn Du den Regen nicht bald schickst,*
*werden wir keine Ernte haben,*
*und meine Familie wird hungern.*
*Die Natur und all die Tiere sterben.*
*Schicke Deine Engel.*
*Öffne die Wolken und lass Regen herunter-*
    *strömen.*
*Ich werde meine Ernte mit denen in Not teilen.*
*Ich bitte Dich inständig, Gott, lass den Regen*
    *kommen.*
*Amen.*


**Erntedankgebet**

*Gott, ich bearbeite das Land*
*und ich danke Dir für all die Engel, die Du mir*
    *geschickt hast, um mir zu helfen.*
*Unsere Tiere sind kräftig,*
*unsere Feldfrüchte sind gesund, und wir hatten eine*
    *großartige Ernte.*
*Danke für diese Segnungen und den Reichtum.*
*Amen.*


Je dankbarer wir sind, desto mehr erkennen wir, wie
gesegnet wir sind, und durch die Kraft des Gebets

empfangen wir weitere Segnungen. Nur so kann ich die Bedeutung der Danksagung im Gebet erklären.

Egal ob Sie Landwirt sind oder ein Gärtner, der Blumen und Sträucher pflegt, oder jemand, der Obst und Gemüse für den eigenen Verzehr anbaut und um eine gute Ernte mit der Familie und den Nachbarn zu teilen, egal wie groß oder klein Ihre Rolle in dieser Hinsicht ist – Sie sollten sich bedanken. Ich beobachte stets, dass die Engel Menschen helfen, die einen Bauernhof bewirtschaften oder im Garten arbeiten.

Neulich habe ich abgestorbene Rosenblüten abgebrochen, damit neue erblühen können. Hin und wieder wies mich ein Engel darauf hin, dass ich eine vertrocknete Blüte übersehen hatte. Ich weiß, dass die Engel das Gleiche für Sie tun. Sie lenken Ihre Aufmerksamkeit dorthin, wo es nötig ist. Möglicherweise veranlassen sie Sie dazu, in eine bestimmte Richtung zu schauen, sodass Sie etwas Wichtiges bemerken. Sie helfen Ihnen, damit Sie eine gute Ernte haben sowie viele blühende Blumen in Ihrem Garten.

Ich weiß, dass Landwirte sehr hart arbeiten und stets um gute Wetterbedingungen beten. Manchmal beten sie um Regen, zu anderen Zeiten, dass der Regen ausbleibt, vor allem wenn die Feldfrüchte reif sind und sie mit dem Traktor auf die Felder fahren wollen, um zu ernten. Das geht nicht, wenn es in Strömen regnet. Zuweilen vergessen wir, wie wichtig das Wetter für die Landwirte ist.

Für uns alle ist es von Bedeutung, dass die Landwirte auf der ganzen Welt eine gute Obst-, Gemüse-

und Getreideernte einfahren, aber natürlich ebenso, dass es auch ihrem Vieh gut geht. Landwirte tragen wesentlich dazu bei, die Bevölkerung zu ernähren. Sie tun dies durch harte Arbeit, aber auch durch die Liebe, die sie ihrem Land und ihren Tieren zuteilwerden lassen.

Wenn wir in einen Supermarkt gehen und uns dort all die Lebensmittel präsentiert werden, denken wir in der Regel nicht an die hart arbeitenden Bauern. Aber das sollten wir tun. Wir sollten ein Gebet für die Landwirte auf der ganzen Welt sprechen, so wie dieses:

### Gebet für Landwirte

*Gott, bitte beschütze die Landwirte.*

*Ihr Engel, eilt zu den Landwirten, wenn sie*
*Unterstützung brauchen,*

*und falls möglich, lasst ihre Feldfrüchte stets gesund*
*und kraftvoll gedeihen.*

*Helft, dass das Land den nötigen Regen und*
*Sonnenschein bekommt.*

*Segnet das Land der Bauern reichlich,*

*um meine Kinder und die Kinder der Welt zu*
*ernähren.*

*Ich danke euch für die Männer und Frauen, die das*
*Land bearbeiten.*

*Amen.*

# Kapitel 3

## *Kraft und Hoffnung fördern*

**Gebet um Gewissheit**
*Gott,*
*hilf mir, Gewissheit zu haben,*
*dass mein Angehöriger eine Seele hat*
*und bei Dir im Himmel ist*
*und dass ich ihn eines Tages wiedersehen werde.*
*Amen.*

Wenn wir einen nahestehenden Menschen verlieren und es uns schier das Herz zerreißt, haben wir es sehr schwer. In der Trauer sollten wir uns dessen gewiss sein, dass die Seele des geliebten Menschen ewig leben wird. Er ist im Himmel und hat Frieden gefunden. Eines Tages werden wir ihm wiederbegegnen. Er ist nicht tot. Er ist am Leben. Lediglich der Körper ist gestorben. Aber durch seine Seele – jenen kleinen Lichtfunken, den Gott jedem Einzelnen von uns geschenkt hat, als Teil von Ihm selbst – wird der geliebte Mensch ewig leben. In dieser Welt ist der Funke winzig, aber tatsächlich ist er riesengroß. Der Körper des geliebten Menschen war davon durch und durch erfüllt. Seine Seele umfasste jeden Aspekt von ihm. Sie werden Ihren Angehörigen wiedersehen, und manchmal ist er ganz nah bei Ihnen und gleichzeitig im Himmel.

**Trauergebet**

*Gott, bitte hilf mir,*
*während ich hier am Bett meines sterbenden Kindes*
*    sitze.*
*Schenke mir Kraft. Hilf mir.*
*Umgib mich mit Deinen Engeln,*
*während ich mein Kind betrachte, seine Hand halte,*
*es küsse und in meinem Herzen weiß,*
*dass Du es nach Hause in den Himmel holen wirst,*
*dabei will ich nicht, dass Du es tust,*
*doch ich weiß, dass Du es tun wirst.*
*Hilf mir, Gott.*
*Amen.*

Es ist so unendlich schmerzhaft, wenn ein Angehöriger im Sterben liegt und wir wissen, dass er nicht mehr sehr lange bei uns sein wird. Ein Kind sterben zu sehen, ist für jede Mutter, jeden Vater, für die Geschwister und den Rest der Familie die schlimmste

Erfahrung überhaupt. Niemand kann erahnen oder sich vorstellen, wie sich ein solcher Kummer anfühlt, abgesehen von den Müttern und Vätern, die selbst ein Kind verloren haben. Es ist schrecklich, wenn Eltern ihr Kind zum letzten Mal in den Armen halten, ihm den letzten Kuss geben, sich von ihm verabschieden oder wenn Geschwister ihre Schwester oder ihren Bruder für den Rest ihres Lebens missen müssen. Der Kummer ist für sie ebenso schwer zu ertragen wie für die Erwachsenen, ja sogar wie für die Mutter und den Vater. Manchmal vergessen die Erwachsenen, dass die Geschwister ebenfalls trauern. Diese bemühen sich nach Kräften, ihrer Mutter und ihrem Vater nicht noch mehr Kummer und Leid zu bereiten. Daher sollten Sie nicht vergessen, den Jungen oder das Mädchen einfach zu fragen, wie es ihm geht. Möchte das Kind darüber sprechen? Erinnern Sie es daran, dass sein Schutzengel ganz nah bei ihm ist.

### Gebet um mehr Zeit

*Mein Schutzengel,*
*bitte Gott darum, mir meine Ohren etwas zu öffnen.*
*Ich weiß, dass du mir sagst,*
*dass der Schutzengel meiner Mutter*
*ihre Seele festhält*
*und es nun nicht mehr lange dauern wird,*
*bis meine Mutter nach Hause in den Himmel*
  *zurückkehrt.*
*Ich werde sie so sehr vermissen.*

*Ich weiß, dass mein Vater auf sie wartet.*
*Mein Schutzengel, könntest du Gott darum bitten,*
*meine Mutter hierzulassen,*
*nur ein kleines bisschen länger,*
*bevor du sie an diesen wunderschönen Himmelsort*
*bringst?*
*Amen.*

Dieses Gebet können Sie für Ihren Vater oder Ihre Mutter sprechen, wenn deren Zeit, nach Hause in den Himmel zurückzukehren, bald gekommen ist. Sie können das im Krankenhaus oder zu Hause am Bett Ihres Angehörigen tun, aber natürlich genauso, wenn er auf seinem Lieblingsplatz auf der Couch sitzt und Sie bei ihm sind. Vergessen Sie nicht, Ihrer Mutter und Ihrem Vater zu sagen, dass Sie sie lieben. Denken Sie nie, Sie hätten noch viel Zeit dafür, denn Gott kann Ihren Angehörigen jederzeit nach Hause in den Himmel holen. Viele Menschen sagen, sie hätten nie die Möglichkeit gehabt, sich zu verabschieden.

Doch Sie sollten wissen, dass Ihre Mutter und Ihr Vater nicht allein waren, als sie nach Hause in den Himmel gegangen sind. Ihr Schutzengel war zugegen und brachte deren Seelen geradewegs in den Himmel, wo sie all die lieben Menschen trafen, die zuvor gegangen sind. Sie sollen wissen, dass sie in Frieden und glücklich sind. Gleichzeitig sind sie auch bei Ihnen. Sie geben Ihnen viele Zeichen und helfen Ihnen angesichts Ihrer Trauer über den Verlust hinweg.

Aber Sie haben sie nicht wirklich verloren. Ihre Seele lebt ja weiter. Sie sollen wissen, dass sie Sie lieben, egal was auch geschieht, selbst wenn Sie nicht mit Ihrer Mutter oder Ihrem Vater gesprochen haben oder wenn Sie ihnen Dinge im Zorn gesagt haben. Ihre Eltern empfinden nun nichts als Liebe für Sie. All ihre Fragen wurden beantwortet. Sie wissen, Gott gibt es wirklich. Sie können ihren eigenen Schutzengel sehen und auch Ihren Schutzengel sowie Ihre wunderschöne Seele und die Seelen der Angehörigen, die bereits im Himmel sind.

**Gebet um Lebensfreude**
*Bitte, Gott,*
*nimm diese Wolke der Dunkelheit fort.*
*Lass Dein Licht auf mich herableuchten.*
*Sende Deine Engel, um mir zu helfen.*
*Schenke mir Mut und Kraft,*
*damit ich beginnen kann, die Freude in meinem*
*Leben wieder zu spüren.*
*Amen.*

Hier bitten Sie Gott darum, Ihnen Engel zu schicken, die Sie umgeben und Ihnen helfen, das Leben zu genießen. Und dass Gott alles Dunkle entfernen möge. Die Kraft und den Mut, um die Sie Ihn bitten, braucht es, um wieder zu lächeln und um zu erkennen, dass Sie geliebt werden und dass für Sie gesorgt ist, denn

Ihr Schutzengel begleitet Sie bei jedem Schritt Ihres Lebens.

### Gebet, um das Licht der Hoffnung zu sehen

*Mein Schutzengel,*
*leg deine Hände auf meine Augen,*
*nur für eine Minute.*
*Nimm deine Hände fort*
*und lass mich das Licht der Hoffnung*
*in meinem Leben sehen,*
*und wenn es ausgeht,*
*wiederhole dasselbe noch einmal,*
*mein Schutzengel.*
*Amen.*

Dies ist ein weiteres Gebet, das Sie sprechen können, um der Dunkelheit zu entkommen und das Licht der Hoffnung in Ihrem Leben zu sehen. Hier bitten Sie Ihren Schutzengel darum, sich für Ihre Heilung einzusetzen. Er wird dies fortwährend für Sie tun – so lange, bis es Ihnen besser geht und er nach und nach davon ablassen kann. Schließlich muss er seine Hände nicht mehr auf Ihre Augen legen und wieder fortnehmen, um Ihnen zu helfen, das Licht und all das Gute in Ihrem Leben wahrzunehmen.

Sie sollten sich jedoch bewusst machen, dass es an Ihnen ist zu entscheiden, wann Ihr Schutzengel Ihre Augen nicht mehr bedecken muss, weil Sie erkennen, dass das Licht stets hell leuchtet, selbst wenn der Engel seine Hände auf Ihre Augen gelegt hat. Es war immer da und ist nie erloschen.

**Gebet um Befreiung von Angst**
*Gott, bitte befreie mich.*
*Lass Deine Engel die Ketten der Angst lösen,*
*die mich so fest umklammert halten.*
*Lass sie von Deinen Engeln lockern*
*und lass diese Ketten der Angst wegfallen*
*und verschwinden.*
*Amen.*

So viele Menschen aller Altersstufen und aus allen gesellschaftlichen Schichten, die verschiedensten Jobs machen, berichten mir von der riesigen Angst, die sie verspüren, sobald sie morgens die Augen aufmachen. Manche haben diese Angst sogar, während sie schlafen. Ihr Schutzengel wird Ihnen immer den Rat geben, sich an Ihren Arzt zu wenden. Mehr kann er nicht für Sie tun. Sie müssen sich auch selbst helfen, und es gibt nichts, wofür Sie sich schämen müssten. Die Menschen sind heutzutage einem riesigen Druck ausgesetzt.

Angst zu haben ist schrecklich. Ihr Schutzengel möchte nicht, dass die Angst Ihr Leben kontrolliert. Bitten Sie Gott darum, Ihnen Seine Engel zu schicken, um diese Ketten zu lockern, damit sie von Ihnen abfallen und Sie beginnen können, zu leben und das Leben Schritt für Schritt zu genießen. Machen Sie sich Folgendes klar: Sie sind einzigartig und wunderschön, und es gibt niemanden auf der Welt, der so ist wie Sie.

Manche Menschen können nicht einmal vor die Tür gehen, weil die Angst ihnen so stark zusetzt. Wenn Sie davon betroffen sind, sollten Sie Ihren Mut jedoch zusammennehmen und sich selbst eine Chance geben. Jedes Mal, wenn Sie etwas tun müssen und es Ihnen schwerfällt, den Mut und die Kraft dafür aufzubringen, sollten Sie dieses Gebet sprechen. Selbst wenn Sie nur eine Zeile des Gebets sprechen, werden Gott und die Engel wissen, was Sie meinen. Und wenn Sie im Flur stehen und zur Tür hinausgehen möchten, werden sie Ihnen helfen, die Ketten der Angst zu lockern und von Ihnen abfallen zu lassen. Ihr Schutzengel wird Ihnen die ganze Zeit ins Ohr flüstern: »Du schaffst es. Du schaffst es.« Hören Sie die Worte in Ihrem Geist, sagen Sie diese zu sich selbst.

### Gebet zu meinem Schutzengel

*Mein Schutzengel,*
*kurz bevor ich nun einschlafe,*
*während ich meine Augen schließe*
*und du deine Arme um mich gelegt hast*
*und mich so beschützt,*
*möchte ich dir danken dafür,*

*dass du mich heute behütet hast,*
*dafür, dass du mein Freund bist.*
*Amen.*


Dies ist ein kleines Gebet als Dankeschön an Ihren Schutzengel, der wirklich jeden Tag Ihres Lebens mit Ihnen verbringt und auch bis in alle Ewigkeit bei Ihnen sein wird. Wenn Sie Ihrem Schutzengel danken, bedanken Sie sich zugleich bei Gott.

Während Sie durch dieses Leben gehen, sollten Sie sich bewusst machen, dass Sie nie allein sind. Gott hat Ihnen einen Schutzengel zum Geschenk gemacht, der nie zugleich der Schutzengel eines anderen Menschen sein kann. Ihr Schutzengel ist ausschließlich für Sie da, er hat nur Augen für Sie. Für Ihren Schutzengel sind Sie das Allerwertvollste auf dieser Welt.

Erinnern Sie sich stets an Folgendes: Sie können Ihren Schutzengel darum bitten, sich neben Sie zu setzen. Er ist Ihr bester Freund und immer da. Ob Sie schöne Dinge zu ihm sagen oder hässliche, selbst wenn Sie ihn beschimpfen, wird er dies nie persönlich nehmen. Er kann gar nicht anders, als Sie zu lieben. Was auch immer Sie in Ihrem Leben tun – er wird nie wegen irgendetwas böse auf Sie sein. Ihr Schutzengel empfindet bedingungslose Liebe für Sie, die keine Grenzen kennt. Egal was auch passieren mag, er wird Sie immer lieben, und Sie enttäuschen ihn nie. Er betrachtet Sie mit einem Herzen voller Liebe.

**Gebet bei einer Depression**

*Während ich mich aus dem Bett herausquäle,*
*rufe ich Dich an, Gott,*
*bitte nimm diese Depression von mir fort.*
*Sie macht alles so mühsam.*
*Sie raubt mir Energie.*
*Ich möchte mich nur noch einigeln.*
*Lass Deine Engel*
*diese Depression von mir fortnehmen,*
*damit ich beginnen kann, das Leben zu führen, das*
*    Gott mir geschenkt hat.*
*Ich bitte euch inständig darum, Gott und ihr Engel.*
*Amen.*

Ihr Schutzengel möchte, dass Sie sich eine Chance geben und andere um Hilfe bitten, sodass Sie beginnen können, Ihr Leben wieder so zu leben, wie Sie das in der Vergangenheit getan haben. Ihr Schutzengel hilft Ihnen auf diesem Weg bei jedem Schritt und macht es Ihnen leichter, denn er möchte, dass Sie wieder glücklich sind. Das sollten Sie sich bewusst machen.

Eine Depression ist für das Auge unsichtbar, und Menschen fällt es schwer, sie zu verstehen, vor allem wenn sie selbst nicht darunter leiden. Manchmal denken wir, jemand sei lediglich faul, er habe einfach keine Lust, irgendetwas zu tun. Wenn Sie jemanden kennen, der depressiv ist, oder vermuten, dass jemand eine Depression haben könnte, sollten Sie ein Gebet für diesen Menschen sprechen. Eine Depression kann eine Person blind machen für das, was um sie herum geschieht, und häufig will so jemand sein Leben nicht in der Weise leben, wie er es tut. Wir alle müssen auf Menschen zugehen, die unter einer Depression leiden. Reichen Sie dem Betroffenen die Hand und beten Sie dafür, dass er sie ergreifen wird. Bitten Sie Gott darum, diesen Menschen von der Depression zu befreien und ihn mit Seinen Engeln zu umgeben. Und dass dieser Mensch sich an seinen Arzt wenden möge.

Sein Schutzengel und all die anderen Engel Gottes bemühen sich bereits intensiv um diesen Menschen. Es handelt sich dabei nur um eine der vielen Krankheiten auf der Liste psychischer Probleme. Aber egal, wie schlimm es uns auch erscheinen mag, wir können wieder gesund werden. Mithilfe unserer Familie, unserer Freunde sowie der Engel in unserem Leben können wir aus dieser Grube herausklettern. Sie sind da, um uns zu helfen.

**Gebet, um mich von der Last der Depression zu befreien**
*Lieber Gott,*
*bitte hilf mir, einen Schritt nach dem anderen zu*
  *machen.*
*Ich fühle mich so niedergeschlagen, so wertlos*
*und von der Depression vereinnahmt.*
*Ich weiß, dass Du meinen Schutzengel dazu anhältst,*
*mich bei jedem Schritt zu stützen.*

*Jeder Schritt fühlt sich tonnenschwer an.*
*Ich weiß, dass mein Schutzengel nicht zulässt, dass*
   *ich aufgebe,*
*weil Du es ihm so aufgetragen hast, mein Gott.*
*Andere geben mich vielleicht auf, aber ich weiß,*
*dass mein Schutzengel das nicht tun wird,*
*während ich einen Schritt nach dem anderen mache.*
*Amen.*

Dies ist ein weiteres Gebet für Situationen, in denen Sie psychisch leiden oder sich überaus niedergeschlagen, deprimiert oder wertlos fühlen. Machen Sie sich stets bewusst: Sie sind nicht wertlos. Sie werden diese Phase Ihres Lebens überwinden, und Sie werden wieder lächeln. Sie werden geliebt. Ihr Schutzengel liebt Sie. Ihr Schutzengel wird Ihnen bei jedem Schritt helfen. Und mit der Zeit werden Ihnen die Schritte leichter fallen. Sie werden beginnen, sich glücklicher zu fühlen.

### Gebet zum Schutz meines Kindes
*Bitte, Gott,*
*beschütze mein Kind,*
*das an einer psychischen Krankheit leidet.*
*Behüte mein Kind vor allem Leid.*
*Bitte lass mein Kind wissen, dass wir es lieben.*
*Amen.*

Für Eltern ist es schrecklich, ihr Kind an einer psychischen Erkrankung leiden zu sehen. Sie haben große Angst um diesen geliebten Menschen. Manchmal befürchten sie sogar, dass ihr Kind sich das Leben nehmen könnte. Die Eltern möchten ihrem Kind vermitteln, dass sie es lieben und für es da sind. Sie können Gott darum bitten, es mit Seinen Engeln zu umgeben. Sie wünschen sich, dass es ihrem Kind wieder besser geht, dass es wieder voller Lebensfreude ist und wieder ganz es selbst.

Mit Ihrer Hilfe kann das Wunder geschehen, wenn Sie für einen Fremden beten, für jemanden, den Sie nicht kennen. Gebete haben eine große Kraft, und viele Wunder können geschehen. Beten Sie daher bitte für diejenigen, die an einer psychischen Erkrankung leiden, sowie für deren Familien und Freunde.

**Gebet um Sicherheit beim Fliegen**
*Riesiger Engel unter dem Flugzeug,*
*hebe dieses Flugzeug sanft wie eine Feder hoch*
    *in die Luft,*
*Engel vor dem Flugzeug,*
*führe dieses Flugzeug sanft wie eine Feder*
    *durch den Himmel.*
*Engel hinter dem Flugzeug,*
*Engel unter den Flügeln des Flugzeugs,*
*Engel um das Flugzeug herum,*
*führt dieses Flugzeug sanft wie eine Feder durch*
    *den Himmel,*

*damit es sicher landet,*
*sanft wie eine Feder,*
*damit es sicher am Zielort landet.*
*Amen.*


Viele Menschen haben Angst vor dem Fliegen oder sind nervös, wenn sie in einem Flugzeug sitzen. Flugzeuge sind sehr sicher, aber dieses Gebet kann dabei helfen, dass Ihre Reise so ruhig wie möglich verläuft. Zudem wird es helfen, Ihre Nerven zu beruhigen.

Ich bitte Gott darum, das Flugzeug mit Seinen Engeln zu umgeben, vor allem mit dem riesigen und unglaublichen Engel, der unter dem Flugzeug fliegt. Dieser Engel ist größer als das Flugzeug selbst.

Dann ist da noch der wunderschöne Engel, der vor dem Flugzeug herfliegt, die Wolken auseinanderschiebt und so die Turbulenzen verringert. An diesen Engel wende ich mich, wenn das Flugzeug unruhig zu schaukeln beginnt. Dann bitte ich ihn, das Flugzeug so ruhig wie möglich zu halten. Dieser Engel hat eine weibliche Erscheinung. Wenn ich ihn bitte, die Turbulenzen abzuschwächen, sehe ich, wie seine Arme hervorkommen, sich nach vorn strecken und er die Turbulenzen und die Wolken auseinanderschiebt, sodass sich die Atmosphäre rund um das Flugzeug beruhigt.

Es gibt einen Engel hinter dem Flugzeug, der auf die gesamte Atmosphäre um das Flugzeug herum achtet. Darüber hinaus sind die Engel unter den Flügeln des Flugzeugs da, um dem riesigen Engel zu helfen, der das Flugzeug trägt. Allerdings wurde mir gesagt, dieser Engel brauche eigentlich keine Hilfe. Es ist wunderbar zu wissen, dass er sowie all die anderen Engel, die das Flugzeug umgeben, da sind.

Ich spreche dieses Gebet jedes Mal, wenn ich ein Flugzeug besteige, und weitere Male, sobald ich meinen Platz gefunden habe. Manchmal, wenn Turbulenzen auftreten und ich sehe, dass jemand nervös wird, spreche ich dieses Gebet und bitte den Engel vor dem Flugzeug, den Engel unter dem Flugzeug, den Engel hinter dem Flugzeug, die Engel unter den Flügeln und um das Flugzeug herum, es sanft wie eine Feder durch die Luft gleiten zu lassen und uns wieder sicher landen zu lassen.

Wenn ich aussteige, bedanke ich mich natürlich stets bei den Engeln, und ich danke Gott dafür, dass sie während meines Fluges da waren.

# Kapitel 4

## *Gebete für eine bessere Welt*

**Gebet um Unsichtbarkeit**
*Lieber Gott,*
*bitte lass mich unsichtbar werden.*
*Lass mich nicht gesehen werden,*
*während ich an dieser Gefahr vorbeigehe.*
*Umgib mich mit dem Tarnumhang Deiner Engel,*
*der mich unsichtbar macht,*
*bis ich in Sicherheit bin.*
*Amen.*

Dies ist ein Schutzgebet, das Sie sprechen können, wenn Sie in der Stadt oder auf dem Land unterwegs sind und aufgrund einer Gefahr unsichtbar werden müssen. In der heutigen Welt brauchen wir alle diesen Schutz. Wenn Sie auf einer Straße entlanggehen, auf der ein Kampf stattfindet, und es keinen anderen Weg gibt, den Sie nehmen könnten, sodass Sie an den Kämpfenden vorbeigehen müssen, sprechen Sie dieses Gebet und bitten Sie Gott darum, Sie mit dem Tarnumhang Seiner Engel zu umgeben, damit die Kämpfenden Sie nicht sehen. Heutzutage ist es nirgendwo sicher. Im Moment kommt es zu viel Gewalt, nicht nur auf den Straßen, sondern auch an vielen anderen Orten. Beten Sie um Unsichtbarkeit, bis Sie wieder in Sicherheit sind.

Dieses Gebet habe ich schon vielen jungen Leuten empfohlen. Ich rate ihnen dazu, damit sie von denjenigen, die gewalttätig sind, nicht gesehen oder gehört werden. Die Engel werden die Aggressoren blenden, während sie an ihnen vorbeigehen.

### Gebet, um hasserfüllte Menschen zu heilen

*Lieber Gott,*
*ich bitte Dich inständig, all Deine Engel zu schicken.*
*Hilf denjenigen, die Schaden anrichten wollen,*
*hilf ihnen, ihren Schutzengel zu hören.*
*Berühre ihr Herz mit Liebe,*
*zerstöre ihre Wut und ihren Hass,*
*damit sie ihre Haltung ändern.*
*Hilf uns allen, sie zu heilen,*
*damit sie keinen Schaden anrichten,*
*und lass sie wissen, dass wir sie lieben,*
*obwohl sie schreckliche Dinge tun.*
*Bitte hilf uns, ihnen zu helfen,*
*mein Gott.*
*Amen.*

Viele Menschen fragen mich, warum sie für diejenigen beten sollten, die vorhaben, schreckliche Dinge zu tun. Meine Antwort darauf lautet: Sie sollten es tun, weil Ihr Gebet die Haltung solcher Menschen verändern könnte. Gebete haben eine große Kraft, und wir unterschätzen sie. Ihr Gebet könnte eine Wirkung auf jemanden haben, der eine Bombe oder eine Waffe trägt mit der Absicht, Männer, Frauen und Kinder zu verletzen oder sogar zu töten. Vielleicht sagt jemand aufgrund Ihres Gebets etwas zu diesem Menschen, das sein Herz berührt, und er überlegt es sich anders. Seine Wut und sein Hass könnten heilen. Wir sollten ihm Liebe entgegenbringen.

Ich bin davon überzeugt, dass jeder Liebe ausstrahlen kann. Sie können liebevolle Gedanken aussenden. Wenn Sie Ihrer Seele erlauben, im kontemplativen Gebet zum Vorschein zu kommen, können Sie Liebe aussenden. Selbst wenn Sie nicht wissen, wie eine Person aussieht, können Sie sich vorstellen, dass sie in Liebe eingehüllt ist, und sie mit Liebe berühren. Darüber hinaus bitten Sie Gott, diesen Menschen mit Liebe zu umgeben. So besteht Hoffnung, dass er seine Haltung ändert, dass er zuhört, sich berührt fühlt und Mitgefühl empfindet.

Wut, Hass und Rache bilden einen Teufelskreis. Wir müssen diesen Zyklus durch Gebete und durch Güte durchbrechen, indem wir anderen Anteilnahme und Liebe entgegenbringen, auf sie zugehen und ihnen unsere Hilfe anbieten. Wir sollten signalisieren, dass sie uns wichtig sind und dass wir für alle etwas verändern möchten, unabhängig davon, wer sie sind. Jedem auf die gleiche Weise mit Anteilnahme und Liebe zu begegnen ist ein hilfreiches Mittel, um all den Zorn, den Hass und den Wunsch nach Rache zu heilen. Es durchbricht den Kreislauf.

**Gebet für Menschen, die Schlimmes getan haben**
*Lieber Gott,*
*hilf mir, denen zu verzeihen, die etwas extrem*
*    Schlimmes getan haben,*
*obwohl mein Herz es nicht will.*
*Bitte besänftige mein Herz, mein Gott,*
*hilf mir, für diejenigen zu beten,*
*die sogar vorsätzlich etwas extrem Schlimmes tun*
*    möchten.*
*Es ist wirklich schwer, für sie zu beten, mein Gott,*
*aber wenn ich es nicht tue und wenn ich ihnen nicht*
*    vergebe,*
*weiß ich, dass wir keine Hoffnung haben,*
*weil sie dann nicht zuhören werden.*
*Sie werden nicht auf die hören, mein Gott,*
*und sie werden damit fortfahren, die Menschheit*
*    gewaltsam zu entzweien.*
*Daher bitte ich Dich, mein Gott, bitte hilf*
*    denjenigen, die extrem schlimme Dinge tun, ihre*
*    Haltung zu verändern, damit die Liebe sie*
*    irgendwie im Innern erreicht.*
*Bitte erhöre mein Gebet, mein Gott.*
*Amen.*

Dieses Gebet sollten wir alle sprechen. Wir sollten für diejenigen beten, die Böses tun, für diejenigen, die Kriege anzetteln, für diejenigen, die töten, für diejenigen, die vergewaltigen, für Terroristen, für diejenigen, die sich ausschließlich nach der anderen Seite richten, nach dem Bösen. Wir sollten für sie beten, dafür, dass sie damit Schluss machen, dass sie zuhören sowie Liebe und Mitgefühl in ihren Herzen finden. Wir sollten dafür beten, dass sie nicht auf Rache für Dinge sinnen, die in der Vergangenheit geschehen sind. Wie der Engel Hosus gesagt hat: »Es ist leicht, Krieg zu führen, aber Frieden zu wahren ist am allerschwersten.« Es ist leicht, schlimme Dinge zu tun.

**Gebet für Harmonie und Frieden**
*Gott, schicke Deinen Erzengel Michael,*
*damit mein Land sicher bleibt.*
*Bitte, lass es nicht zu einem Krieg kommen.*
*Die Menschen meines Landes brauchen Schutz.*
*Wir wollen keinen Krieg.*
*Die Menschen meines Landes wünschen sich von*
*Herzen,*
*in Harmonie und Frieden zu leben.*
*Amen.*

Dies ist ein Gebet, an das wir uns stets erinnern sollten. Hin und wieder sollten wir Gott und all Seine Engel darum bitten, nicht zuzulassen, dass ein Krieg in unserem Land ausbricht. Beten Sie um Frieden und Harmonie für die Menschen Ihres Landes und sagen Sie Gott, dass die politischen Führer Ihres Landes, Ihre Regierung oder Ihr Präsident, auf ihre Schutzengel hören sollen, damit es keinen Krieg gibt.

Beten Sie dafür, dass diese Menschen, wann immer es Probleme gibt, auf ihre Schutzengel sowie auf den Engel der Nation hören und dass sie Lösungen finden werden. Beten Sie, dass sie auch auf die Bevölkerung hören mögen. Dass ihnen die Anliegen der Menschen, der Natur und der Tiere wichtig sind. Ihr Land kann für alle zu einem großen Zuhause werden, zur Heimat, auf die Sie stolz sind und die Sie mit allen Mitteln beschützen würden.

Es ist überaus wichtig, dass es in Ihrem Land keinen Krieg gibt, daher hat mir der Erzengel Michael aufgetragen, den ersten Satz niederzuschreiben, mit dem wir Gott darum bitten, den Erzengel Michael zu schicken, um die Sicherheit unseres Landes zu bewahren. Der Erzengel Michael ist der Verteidiger. Er tut alles, um dabei zu helfen, den Frieden in jedem Land zu erhalten. Dennoch ist er nur einer der Engel, und er trägt dazu bei, uns alle zu vereinen. Viele Menschen meinen, er sei nur für sie da, doch er ist für alle da. Der Erzengel Michael kann kein Schutzengel für eine bestimmte Person sein. Er hilft allen gleichermaßen. Egal in welchem Teil der Welt Sie leben, bitte beten Sie dafür, dass es in Ihrem Land keinen Krieg gibt. Bitte beten Sie um Frieden in all den Ländern, die bereits im Krieg sind. Es ist so wichtig.

**Gebet, um Krieg zu beenden**

*Gott, bitte hilf –*
*der Krieg entzweit mein Land.*
*Die Zerstörung durch den Krieg in meinem Land ist*
*    unglaublich.*
*Kinder wurden getötet und sind verhungert.*
*Familien wurden auseinandergerissen.*
*Es gibt kaum etwas zu essen oder zu trinken.*
*Wir sind so niedergeschlagen, so verzweifelt,*
*wir rufen um Hilfe,*
*aber sie scheint nicht zu kommen.*
*Niemand hört uns zu –*
*Gott, Du bist nun meine einzige Hoffnung.*
*Bitte lass die politischen Führer der Welt zuhören*
*und diesen Krieg beenden.*
*Amen.*

Der Krieg verursacht solche Schrecken. Wenn wir in einem Land leben, in dem kein Krieg herrscht, können manche Menschen die Bedeutung nicht unbedingt begreifen. Wir neigen dazu, es zu übersehen. Dahinter steckt zwar keine böse Absicht, aber wir sagen zu uns selbst: »Wenn es mich nicht betrifft, ist es in Ordnung.«

Wir grenzen uns extrem ab und errichten eine riesige innere Mauer zwischen »den anderen« und »uns«. Wir bemühen uns nach Kräften darum, keine Emotionen oder Mitleid zu empfinden – angesichts dessen, was Menschen widerfährt, die eigentlich genau wie wir sind, mit dem Unterschied, dass sie in einem vom Krieg zerrütteten Land leben. Wenn wir in den Nachrichten sehen, dass Familien auseinandergerissen wurden, wenn man uns auf den Horror in einem Land, in dem Krieg herrscht, hinweist, öffnen sich unsere Herzen einen Moment lang voller Anteilnahme, aber dann verschließen sie sich wieder.

Wir widmen uns wieder unserem Leben und machen uns vor, jeder auf der Welt würde so leben wie Sie und ich, in Frieden und Harmonie, mit den normalen Höhen und Tiefen des Alltags. Doch das ist nicht der Fall in einem Land, in dem eine solche Zerstörung herrscht, in einem Land, das durch den Krieg zerrüttet ist. Dort gibt es keinen sicheren Ort für Männer, Frauen oder Kinder. Jeden einzelnen Tag leben sie in Angst. Es ist ein Albtraum, der kein Ende zu nehmen scheint.

Dieses Gebet soll Sie daran erinnern, dass die Bevölkerung dort, wo Krieg herrscht, Hilfe braucht. Die Menschen wollen keinen Krieg. Sie wünschen sich Frieden und Harmonie in ihrem Land, aber aufgrund der politischen und finanziellen Gegebenheiten, der Machtverhältnisse und des Kontrollgefüges haben sie dies häufig nicht in der Hand. Sie möchten nur ihre Kinder großziehen, wünschen sich, dass sie zur Schule gehen, spielen, lachen und größer werden und dass sie selbst einmal Enkelkinder haben werden, aber der Krieg lässt all das nicht zu. Betrachten Sie das, was Sie haben, nie als selbstverständlich, denn der Krieg könnte auch Ihr Land ereilen. Lassen Sie uns, alle Menschen der Welt, gemeinsam für den Frieden arbeiten.

**Gebet, um Gott für den Frieden zu danken**
*Lieber Gott,*
*ich danke Dir, dass die Welt uns erhört hat.*
*In meinem Land herrscht nun Frieden.*
*Mein Gott, wir haben keine Angst mehr –*
*unsere Kinder haben aufgehört zu weinen.*
*Wir haben Nahrung, Wasser und eine Unterkunft.*
*Danke, Gott, dass Du den Engel der Hoffnung in*
*mein Land gesandt hast.*
*Nun hilft die Welt uns dabei, die Scherben*
*aufzusammeln.*
*Wir beginnen jetzt, in Harmonie und Liebe*
*miteinander zu leben.*
*Danke, mein Gott, dass Du uns beschützt.*
*Ich bemühe mich nun sehr darum, für meine Kinder*
*ein Haus zu bauen,*
*da ich weiß, dass keine Bomben mehr abgeworfen*
*werden,*
*keine Feuergefechte meinen Angehörigen das*
*Leben rauben.*
*Wie wunderbar das Leben nun doch ist.*
*Danke, mein Gott.*
*In Frieden zu leben,*
*obwohl ich auf den Trümmern meines vom Krieg*
*zerrütteten Landes stehe,*

*bedeutet, dass ich lächle und Dir dafür danke,*
*Gott, dass Du der Welt geholfen hast zuzuhören.*
*Amen.*

Dies ist ein Glücks- und Freudengebet über das Ende von Schrecken und Terror. Nun lebt jeder in Frieden. Obwohl die Menschen auf den Trümmern ihrer Stadt oder ihres Zuhauses stehen, ist der Krieg vorbei. Wie belebend es sich anfühlen muss, dass all die Angst verschwunden ist! Keine Bomben fallen mehr und keine Kugeln schießen mehr kreuz und quer durch die Luft.

Nun können sie beginnen, ein Zuhause für die Zukunft zu erschaffen. Während die Trümmer fortgeräumt werden, nehmen die Schulen und Geschäfte den Betrieb allmählich wieder auf, und das Leben normalisiert sich langsam. Man hört wieder das Lachen von Kindern, wissend, wie traumatisiert sie sind, aber diese Kinder bemühen sich sehr, mit der Situation fertigzuwerden und ihr Leben wiederaufzunehmen. Sie werden ihren Eltern helfen. Sie werden sich darüber freuen, wieder zur Schule zu gehen und zu spielen. Die Männer und Frauen werden hart arbeiten, um ihr Land erneut in einen wunderschönen, friedlichen Ort zu verwandeln.

## Gebet um gute Taten

*Gott, hilf mir,*
*die Welt für die Menschheit und die Natur zum*
  *Besseren zu verändern.*
*Sende Deine Engel, um mich daran zu erinnern,*
  *dass ich jeden Tag Gutes tun sollte,*
*egal wie gering oder klein meine Tat auch sein mag.*
*Amen.*

Viele Menschen teilen mir mit, dass sie für die Welt etwas zum Positiven bewirken möchten. Sie können nun dieses kleine Gebet sprechen und so das Bewusstsein für die Umwelt vertiefen sowie dafür, wie wertvoll sie ist und wie wunderbar auch die Menschheit ist. Mit jeder kleinen guten Tat können wir alle gemeinsam die Welt verändern.

Ein Mensch allein kann das zwar nicht bewirken, dennoch können wir unseren Beitrag leisten und sollten das auch an jedem Tag unseres Lebens tun. So bewahren wir in unserem Geist und in unserem Herzen stets ein Bewusstsein dafür, dass wir die Welt verändern und sie in einen besseren Ort verwandeln können, zum Wohle der gesamten Natur und von uns allen.

Es gibt viele Gebete, die wir jeden Tag in diesem Sinne sprechen können. Wann immer wir das tun, ist es wichtig, Gott darum zu bitten, uns zu helfen, auf die Welt mit all unseren kleinen guten Taten einzuwirken, die so bedeutsam sind. Ohne diese kann die

Welt nicht verändert werden. Bitten Sie Ihren Schutzengel, er möge Sie, wenn Sie morgens die Augen öffnen, daran erinnern, dass Sie Gott – vielleicht schon vor Monaten oder Jahren – gebeten haben, Sie dabei zu unterstützen, die Welt in einen besseren und schöneren Ort zu verwandeln.

Fangen Sie noch heute an, mit dem Beistand Ihres Schutzengels. Sie können dies tun, indem Sie zum Beispiel einem anderen Menschen etwas Nettes sagen, ihm ein Lächeln schenken oder ihm beim Einparken helfen. Vielleicht fällt Ihnen jemand auf, der gestresst wirkt, weil er eine bestimmte Adresse nicht finden kann. Diesem Menschen können Sie Ihre Hilfe anbieten. Jede kleine Geste ist wichtig genug, um die Welt zu einem besseren Ort zu machen – für die Menschheit und die gesamte Natur.

## Kapitel 5

# Gebete um Ausdauer, Resilienz und Hoffnung

**Gebet um Unterstützung beim Abnehmen**

*Mein Schutzengel,*
*ich bitte dich, Gott inständig darum zu ersuchen,*
*mir all Seine Engel zu schicken, um mir zu helfen.*
*Ich versuche, Gewicht zu verlieren,*
*aber es fällt mir sehr schwer, mich zu motivieren.*
*Bitte umgib mich mit so vielen Engeln wie möglich.*
*Lass meine Freunde auf ihre Schutzengel hören,*
*damit sie mich darin bestärken abzunehmen.*
*Allein schaffe ich es nicht.*
*Es ist einfach zu schwer.*
*Ich brauche Hilfe,*
*mein Schutzengel.*
*Amen.*

Dieses Gebet zum Abnehmen hilft Ihnen, sich bewusst zu machen, dass Sie dafür die Unterstützung anderer Menschen brauchen, zum Beispiel die Ihrer Freunde, aber natürlich auch Ihrer Familie. Bitten Sie Ihren Schutzengel darum, sich bei Gott dafür einzusetzen, Sie mit Engeln zu umgeben. Das Wichtigste bei diesem Gebet ist, darum zu bitten, dass Ihre Lieben ebenfalls auf ihre Schutzengel hören und so ihren Teil dazu beitragen, Sie beim Abnehmen zu motivieren und zu bestärken.

Abzunehmen ist schwer, und möglicherweise können Sie es nicht im Alleingang schaffen. Wir alle benötigen in jedem Lebensbereich eine helfende Hand und sollten uns nicht scheuen, im Gebet darum zu bitten sowie uns an Familie und Freunde zu wenden.

### Gebet, um starkes Übergewicht abzubauen

*Ich bin dick, mein Gott.*

*Ich gebe es nicht gern zu, aber es geht nicht anders.*

*Ich bin vom Weg abgekommen*

*und möchte wieder auf den richtigen Pfad gelangen.*

*Ich möchte wieder gesund leben.*

*Ich habe genug davon, dass ich nicht in der Lage bin,*

*normale Dinge im Leben zu tun.*

*Dinge, die für die meisten Menschen selbstverständlich sind.*

*Ich bin so schwer geworden.*

*Ich muss diese Dinge euch gegenüber laut
  aussprechen,
mein Gott und mein Schutzengel,
damit ich die Worte selbst hören kann.
Ich möchte mein Übergewicht verlieren und wieder
  beginnen zu leben.
Helft mir.
Amen.*

In diesem Gebet geht es erst einmal darum, sich starkes Übergewicht einzugestehen. Sie sollten Ihre Worte laut aussprechen, um sie selbst zu hören. Lassen Sie sie in Ihren Ohren nachklingen. Nehmen Sie sie deutlich wahr und machen Sie sich in Ihrem Herzen bewusst, dass Sie sich verändern, dass Sie wieder gesund werden wollen. Sie möchten in der Lage sein, alltägliche Dinge zu tun, die im Moment sehr mühsam für Sie sind.

Dieses Gebet kann Ihnen helfen, sich an die Zeit zurückzuerinnern, als Sie vom Weg abgekommen sind, als Sie begannen zuzunehmen. Im Rückblick erkennen Sie womöglich eine Enttäuschung, die Sie damals erlebt haben. Vielleicht waren Sie deprimiert oder einsam. Gestehen Sie sich ein, wenn es aus Liebeskummer dazu kam oder weil Sie einen Angehörigen verloren haben.

Wenn Sie laut denken und sich darüber klar werden, dass Sie sich verändern möchten, um physisch und psychisch wieder gesund zu werden – diese bei den Aspekte gehören zusammen –, hat das eine sehr große Kraft. Mir ist bewusst, dass dies für viele ein Kampf ist, aber ich weiß auch, dass Ihr Schutzengel an Sie glaubt und dass Sie es schaffen können. Aber Sie müssen vor allem an sich selbst glauben.

**Gebet, um etwas für die eigene Fitness zu tun**
*Mein Schutzengel, gib mir heute Kraft.*
*Schenke mir Unterstützung, um mich aufzuraffen*
   *und einen Spaziergang zu machen,*
*um zum Schwimmen oder Radfahren zu gehen.*
*Schicke mir einen Freund oder Verwandten,*
*der mich besucht*
*und mich ermuntert, an die frische Luft zu gehen.*
*Amen.*

Bei diesem kleinen Gebet geht es darum, dass Ihr Schutzengel für Rückenwind in Fitnessangelegenheiten sorgt. Lassen Sie sich ein paar Dinge durch den Kopf gehen, die Sie dazu motivieren, spazieren zu gehen, mit dem Rad zu fahren oder zu schwimmen, und verbinden Sie diese mit der Hoffnung, dass vielleicht jemand aus Ihrer Familie oder aus Ihrem Freundeskreis seinen Schutzengel hört, der den Betreffenden dazu veranlasst, Sie zu einem Spaziergang aufzufordern, damit Sie an die frische Luft kommen. Auf diese Weise motiviert sich diese Person übrigens zugleich selbst dazu.

Machen Sie sich bewusst, dass auch Ihr Schutzengel Ihnen einen Gedanken schicken kann, der Sie dazu anhält, einen Freund, eine Freundin oder einen Verwandten anzurufen und vorzuschlagen, einen kleinen Ausflug zu machen, zum Joggen zu gehen oder etwas anderes zu unternehmen.

**Gebet um Hilfe bei einer Essstörung**
*Lieber Gott,*
*erhöre mein Gebet.*
*Ich habe eine Essstörung, die mein Leben zerstört.*
*Ich bin gesundheitlich mittlerweile so angeschlagen,*
*dass ich keine Energie mehr habe. Ich möchte*
*    einfach nichts essen.*
*Ich höre jeden Tag, wie mein Schutzengel mir sagt,*
*dass ich etwas essen muss. Ich weiß, dass ich es tun*
*    muss.*
*Hilf mir, Gott, dass ich etwas esse und zu Kräften*
*    komme,*
*damit ich wieder mehr Energie habe.*
*Zaubere mir wieder ein Lächeln ins Gesicht.*
*Amen.*

Dies ist ein Hilferuf, wenn Sie eine Essstörung haben und wieder gesund werden möchten. Es gibt viele verschiedene Essstörungen, deren Namen ich nicht alle kenne. Zu den bekanntesten gehört wahrscheinlich, dass es einem schwerfällt, nicht zu essen, was mit einer starken Gewichtszunahme einhergeht. Die zweite sehr verbreitete Essstörung besteht darin, zu wenig zu essen und magersüchtig zu werden.

Das Gebet kann Ihnen helfen, wenn Sie eine solche Essstörung haben. Es ist ein Hilferuf an Gott und an Ihren Schutzengel, aber Sie sollten sich darüber klar sein, dass Sie sich auch selbst helfen müssen. Sie müssen den Wunsch haben, wieder gesund zu werden. Sie sollten bereit sein, jedes Hindernis zu überwinden, Tag für Tag, und tun, was Ihr Arzt und Ihr Ernährungsberater Ihnen empfehlen. Auf diese Weise werden Sie mit jedem Tag kräftiger, und mit der Zeit werden Sie auch energievoller. Und so kehrt auch das Lachen in Ihr Gesicht zurück.

Wir sollten uns stets daran erinnern, dass ein Gebet in Bezug auf jeden Aspekt unseres Lebens Berge versetzen kann. Allerdings müssen Sie selbst Ihren Teil dazu beitragen. Gott wird Sie nicht dazu zwingen, etwas zu essen. Ihr Schutzengel wird das ebenso wenig tun, denn dieser Teil ist Ihre Aufgabe. Aber zu wissen, dass Ihr Schutzengel da ist, um Ihnen zu helfen, ist ermutigend und schenkt Ihnen Kraft.

**Gebet, um Gewicht zuzunehmen**
*Gott,*
*hilf mir, wieder zuzunehmen.*
*Mein Schutzengel sagt mir, dass ich dazu in der*
  *Lage bin,*
*daher weiß ich, dass ich es schaffen kann –*

*mein Schutzengel hätte diese Worte nicht gesagt,*
  *Gott,*
*wenn Du ihm nicht aufgetragen hättest, mir diese*
  *Worte ins Ohr zu flüstern.*
*Daher danke ich Dir, Gott. Ich weiß, dass ich es*
  *schaffen kann.*
*Ich weiß, dass ich essen und wieder Gewicht*
  *zunehmen kann.*
*Amen.*


Mit diesem kleinen Gebet bringen Sie zum Ausdruck, dass Sie Ihren Schutzengel gehört haben, wie er Ihnen etwas ins Ohr geflüstert hat, um Sie zum Essen aufzufordern. Darüber hinaus machen Sie sich bewusst, dass Sie es wirklich fertigbringen können, wieder zuzunehmen.

Und vor allem wird deutlich, dass es letztlich Gott ist, der Ihren Schutzengel dazu angehalten hat. Die Gewissheit, dass Sie es schaffen können, verleiht Ihnen noch mehr Kraft und Motivation, wieder ein gesunder Mensch zu werden, und Sie können Ihr Leben in dem Bewusstsein führen, dass Sie geliebt werden.

## Gebet für Momente, in denen man fern der Heimat ist

*Lieber Gott,*

*ich danke Dir für all die Segnungen, die Du mir beschert hast.*

*Ich bin weit weg von meiner Heimat und arbeite in einem fremden Land,*

*und ich habe ein bisschen Angst.*

*Bitte hilf mir, mich an die Kultur dieses Landes zu gewöhnen.*

*Erinnere mich daran, die Menschen und mein Umfeld zu respektieren.*

*Hilf mir, mich während meines Aufenthalts in diesem fremden Land zu Hause zu fühlen.*

*Danke, mein Gott.*

*Amen.*

Dies ist ein ganz besonderes Gebet für jemanden, der in die Fremde geht, in ein anderes Land mit einer Kultur und Traditionen, die sich vollkommen von den eigenen unterscheiden. Sie bitten Gott und Seine Engel darum, dass Sie ein tieferes Verständnis für die Kultur und die Traditionen der Menschen dieses Landes entwickeln sowie die Bewohner und ihr Umfeld respektieren. Und natürlich ersuchen Sie Gott und die Engel, Ihnen zu helfen, sich während Ihres Aufenthalts in diesem Land zu Hause zu fühlen, sodass Sie harmonisch mit den Menschen zusammenarbeiten können und diese gute Freunde für Sie werden.

Welchen Job auch immer Sie machen, nicht nur bei einer Tätigkeit im Ausland – es ist stets hilfreich zu verstehen, wie sich Menschen aus einem anderen Land fühlen könnten, wenn sie in Ihr Land gekommen sind, um dort zu arbeiten. Vielleicht fühlen sie sich genauso wie Sie – fremd in einem fremden Land.

Jedes Mal, wenn Sie jemanden in dem fremden Land ansehen, sollten Sie sich bewusst machen, dass auch dieser Mensch einen Schutzengel hat – genauso wie Sie. Und der Schutzengel dieses Menschen flüstert ihm Dinge ins Ohr, um ihn durchs Leben zu leiten.

**Gebet, um sich einzuleben**

*Gott,*
*ich arbeite fern von zu Hause.*
*Ich werde nur für kurze Zeit hierbleiben.*
*Ich bitte Dich, mich mit Deinen Engeln zu*
*    umgeben,*
*und ich bitte meinen Schutzengel darum, mich zu*
*    behüten,*
*bis ich wieder zu Hause bin.*
*Amen.*

Viele von uns arbeiten gelegentlich fern von zu Hause. Manchmal verlassen wir dabei unser eigenes Land nicht, aber hin und wieder müssen wir vielleicht etwas weiter weg fliegen und in einem anderen Land übernachten. Dieses wunderbare Gebet erinnert Gott daran, dass Sie von zu Hause entfernt arbeiten. Und selbst wenn Sie nur ein paar Stunden oder für ein bis zwei Tage fort sind, bitten Sie Gott auf diese Weise darum, Sie mit Seinen Engeln zu umgeben. Und Sie erinnern Ihren Schutzengel daran, Sie zu beschützen, bis Sie wieder zu Hause sind.

### Gebet bei Heimweh

*Lieber Gott,*
*ich danke Dir für meinen Job,*
*obwohl er mich von meiner Heimat fortbringt.*
*Während dieser Zeit*
*vermisse ich meine Familie, und ich habe ständig*
  *Heimweh.*
*Versteh mich bitte nicht falsch, Gott,*
*ich liebe meinen Job und danke Dir dafür.*
*Wenn meine Arbeit abgeschlossen ist,*
*bitte ich Dich, Gott, mich zu meiner Familie*
  *nach Hause zu bringen.*
*Amen.*

Mit diesem Gebet bedanken Sie sich bei Gott für Ihren Job und für die Arbeit, die Sie machen. Andererseits beklagen Sie sich jedoch auch, weil die Arbeit Sie von Ihrer Heimat, von Ihren Angehörigen und Ihrem Land wegführt, obwohl dies vielleicht nur ein paarmal pro Jahr der Fall ist.

Sie lassen Gott wissen, wie viel Heimweh Sie haben und wie sehr Sie Ihre Familie vermissen. Natürlich wollen Sie nicht falsch verstanden werden. Denn Sie machen Ihre Arbeit ja sehr gern und sind dankbar, dass Sie sie haben. Sie sind überaus zufrieden mit Ihrem Job, und das wollen Sie Gott auch wissen lassen.

Ich mag dieses Gebet einfach unglaublich gern. Es berührt mein Herz.

### Gebet mit der Bitte um Lehrengel

*Lieber Gott,*
*sende so viele Lehrengel,*
*wie Du nur kannst, um meiner Familie zu*
    *helfen.*
*Gott, wir brauchen Deine Lehrengel, um uns zu*
    *helfen,*
*um erfolgreich in all dem Guten zu sein, das Du uns*
    *hast zukommen lassen.*
*Danke, mein Gott, für Deine Lehrengel.*
*Amen.*

Sie können Gott bitten, Seine Lehrengel zu schicken, um Ihnen bei jeder Aufgabe zu helfen, die Sie erlernen müssen. Häufig wird es um Schulprüfungen gehen oder darum, für die Universität zu lernen, aber manchmal brauchen Sie vielleicht Hilfe, um zu lernen, wie Sie Ihren neuen Job am besten erledigen können. Oder Sie wünschen sich Unterstützung dabei, Fahrrad- oder Autofahren zu lernen.

Sie können Gott bei allen möglichen Dingen darum bitten, Ihnen Lehrengel zu schicken. Sie können auch Ihren Schutzengel darum bitten. Ihr Schutzengel kann jedoch keinen anderen Engel zu Ihnen lassen, wenn Gott es nicht verfügt. Ich danke Gott und meinem Schutzengel dafür, dass sie mich stets mit Lehrengeln ausstatten, wenn ich diese brauche.

**Gebet bei Prüfungen**
*Lieber Gott,*
*bitte hilf mir, meine Prüfung zu bestehen.*
*Ich bemühe mich, so gut ich nur kann.*
*Hilf mir, die Zuversicht und den Glauben an mich*
*    selbst zu haben,*
*dass ich es schaffen kann.*
*Danke im Voraus, mein Gott,*
*dass Du mir hilfst.*
*Amen.*

Dies ist ein kurzes Gebet, wenn es darum geht, Prüfungen zu bestehen, ob an der Universität oder wo auch immer. Wir alle brauchen dabei Hilfe, Zuversicht und den Glauben an uns selbst, um zu lernen bzw. das zu tun, was nötig ist, um die Prüfungen zu bestehen. Bitten Sie auch die Lehrengel, Sie zu umgeben und Sie in diesen Dingen zu bestärken und darin, dass Sie überhaupt auf sie hören.

# Kapitel 6

## Gebete um Harmonie in der Familie

**Gebet für mein Kind, das im Ausland arbeitet**

*Gott,*
*ich bin ein Vater, so wie Du.*
*Wir sind alle Deine Kinder,*
*aber ich habe nur ein Kind,*
*und dieses musste in ein fremdes Land gehen,*
*um Arbeit zu suchen.*
*Ich bitte Dich, mein Gott, und all Deine Engel,*
*lasst mein Kind einen Job finden und behütet es*
*und lasst es glücklich sein und Liebe finden.*
*Ich danke euch.*
*Amen.*

Dieses Gebet ist für Sie, wenn Sie ein Vater sind, der sich an Gott wendet. Und selbst wenn Sie jetzt noch nicht Vater sind, könnten Sie es eines Tages sein. Als Vater irgendeiner Nationalität, in irgendeinem Teil der Welt erinnern Sie Gott daran, dass Sie, so wie Gott, ein Vater sind, dem es sehr zusetzt, dass sein Kind auf der Suche nach Arbeit in ein fremdes Land gehen musste.

Sie bitten Gott und Seine Engel, Ihrem Kind zu helfen, Arbeit zu finden. Aufgrund der Liebe, die Sie für Ihr Kind empfinden – wie es jeder Vater tut –, ist Ihnen natürlich auch dessen Glück ein Anliegen, weshalb Sie nicht wollen, dass es in dem fremden Land einsam ist.

### Gebet für meinen einzigen Sohn

*Gott,*
*ich bin ein Vater, und ich weiß, dass Du von vielen*
    *Vätern auf der Welt hörst,*
*und ich weiß, dass jeder Vater Dein Sohn ist.*
*Bitte beschütze meinen Sohn.*
*Er ist das einzige Kind, das ich habe.*
*Danke, Gott.*
*Amen.*

In dem Bewusstsein, dass Gott von Millionen Vätern auf der ganzen Welt hört, in jeder Sekunde, wenden Sie sich hier als Vater an Ihn.

Und Sie wissen, dass jeder Vater Gottes Sohn ist, aber Sie bitten Gott hier, eines Seiner Kinder zu beschützen – den kleinen Sohn, den Er Ihnen geschenkt hat.

Sie erinnern Gott daran, dass er das einzige Kind ist, das Sie haben. Daher tun Sie alles, was in Ihrer Macht steht, für dieses Kind, das Gott Ihrer Obhut anvertraut hat, und wollen der bestmögliche Vater sein, der Sie sein können.

**Gebet, um meine Enkel zu sehen**
*Lieber Gott,*
*Du weißt, dass ich eine Mutter bin.*
*Meine Tochter hat eine Liebe gefunden und vor*
  *vielen Jahren geheiratet,*
*und ein paar Jahre später zog sie mit ihrem Mann*
  *fort in ein anderes Land.*
*Meine Tochter und mein Schwiegersohn haben zwei*
  *wunderbare Kinder.*
*Ich vermisse sie, Gott.*
*Wäre es möglich, mein Gott, dass Du ein Wunder*
  *geschehen lässt,*
*sodass ich meine Enkel besuchen und Zeit mit ihnen*
  *verbringen kann?*
*Oder vielleicht kommen sie auch zu mir nach Hause,*
*selbst wenn es nur für eine kurze Zeit ist.*
*Lieber Gott, ich weiß, dass es eine große Bitte ist.*
*Aber ich ersuche meinen Schutzengel und all Deine*
  *Engel inständig,*
*Dich darum zu bitten.*
*Amen.*

Dieses Gebet kommt vom Herzen einer Mutter, die von ihrer Tochter und deren Ehemann erzählt und von den beiden Kindern, die sie miteinander haben. Sie vermisst sie so sehr, weil sie weit weg in einem anderen Land leben.

Sie weiß, dass die Bitte an Gott, ein Wunder zu wirken, damit sie eine schöne Zeit mit ihren Enkeln verbringen kann, keine geringe Bitte ist. Aber sie wendet sich dennoch damit an Gott.

Heutzutage gibt es auf der ganzen Welt Großeltern, die keine Gelegenheit haben, ihre Enkelkinder zu sehen, sie zu umarmen und ihnen ihre Liebe entgegenzubringen. Natürlich können sie skypen und auf diese Weise mit ihnen sprechen, aber das ist nur in bestimmten Ländern möglich, und es ist nicht dasselbe, wie ihnen im realen Leben zu begegnen.

Ich spreche dieses Gebet auch für alle Großmütter, damit sie eine schöne Zeit mit ihren Enkeln verbringen können.


### Gebet, um einem Fremden zu helfen

*Gott, bitte hilf mir, einem Fremden zu helfen,*
*sooft ich kann.*
*Manchmal, wenn ich einen Fremden sehe,*
*betrachte ich ihn missbilligend.*
*Ich bitte Dich, mir das zu verzeihen, Gott.*
*Meine Augen sind verschlossen, und ich sehe den*
*    Menschen nicht als Person –*
*als normalen Menschen, genauso wie ich einer bin.*

*Gott, hilf mir, meine Augen und mein Herz zu*
  *öffnen,*
*meine Hand auszustrecken und einem Fremden zu*
  *helfen.*
*Genau so, wie Du es vor langer Zeit getan hast,*
  *als Du hier auf der Erde warst.*
*Amen.*

In diesem Gebet geht es darum, dass Sie Ihre Augen und Ihr Herz nicht verschließen, wenn Sie einen Fremden sehen, der Hilfe braucht. Sie bitten Gott darum, Ihnen zu vergeben, dass Sie solche Menschen manchmal mit Ablehnung betrachten. Vielleicht handelt es sich um einen Bettler, um jemanden, der sehr arm und ungebildet ist, oder um einen Drogenabhängigen oder Alkoholiker.

Sie bitten Gott darum, etwas in Ihrem Herzen zu verändern, damit Sie den Fremden auf andere Weise betrachten können, damit Sie ihn als Menschen sehen und ihm Liebe und Anteilnahme entgegenbringen. Vielleicht braucht er nur ein bisschen Hilfe, um sein Leben zu verändern und Hoffnung zu schöpfen.

**Gebet, um auf andere zuzugehen**
*Lieber Gott,*
*ich sehe einen Fremden, der Hilfe braucht.*
*Gott, vergib mir, dass ich Angst davor habe, auf den*
  *Fremden zuzugehen und ihm zu helfen.*

*Aber während ich den Fremden am Straßenrand so*
*betrachte,*
*wird mir bewusst, dass es mein Kind in einem*
*anderen Land sein könnte.*
*Mein Kind, das vom Weg abgekommen ist, das friert*
*und Hunger hat.*
*Nimm mir meine Angst und steh mir bei,*
*Gott mit Deinen Engeln, auf den Fremden*
*zuzugehen und ihm zu helfen.*
*Amen.*

Dieses Gebet gemahnt uns daran, wie viel Angst wir vor fremden Menschen haben. Aber wenn wir auf der anderen Straßenseite einen Fremden sehen, der bettelt und in eine Decke gehüllt auf einem Pappkarton liegt, sollten wir uns bewusst machen, dass dies auch einem uns nahestehenden Menschen wie unserem eigenen Kind so ergehen könnte. Wenn Sie das begreifen, können Sie auch ganz anders auf einen Fremden zugehen, weil Sie ihn mit anderen Augen sehen. Auch er hat irgendwo auf der Welt Mutter und Vater, Geschwister oder einen Freund, und auch er ist ein Kind Gottes.

**Gebet für Stärke**

*Ich bitte all die Engel inständig um Fürbitte*
  *bei Gott,*
*damit Er mir hilft, stärker zu werden,*
*mich anderen gegenüber richtig zu verhalten,*
*selbst wenn es mir schwerfällt.*
*Und, Gott, es ist wirklich nicht leicht.*
*Gib mir die Kraft, den Mut und die Zuversicht,*
*stets das Richtige zu tun,*
*und nicht dauernd an mich selbst zu denken.*
*Danke, mein Gott.*
*Amen.*

Vielen von uns fällt es sehr schwer, das Richtige zu tun, vor allem wenn wir in einer Situation selbst betroffen sind. Vielleicht möchten wir uns herausreden, obwohl wir tief im Inneren wissen, dass wir eine gewisse Verantwortung haben. In diesem Gebet wenden wir uns an Gott, damit Er uns die Kraft und die Zuversicht schenke, dass wir uns in jeder Situation richtig verhalten und ehrlich und authentisch das tun, was das Beste für den anderen und für uns selbst ist.

Es geht darum, das Problem nicht nur von unserer Seite aus zu betrachten, sondern auch aus der Perspektive des anderen Menschen und dann die Schnittmenge zu erkennen, die uns das Richtige tun lässt. Egal ob Sie bewusst die gesamte Verantwortung oder nur einen Teil davon übernehmen – wenn Sie in

Ihrem Inneren wissen, dass Sie das Richtige tun, fällt eine Last von Ihren Schultern ab, und Sie werden sich glücklicher fühlen, weil Sie wissen, dass Sie mit den besten Absichten und ohne Wut oder Eifersucht gehandelt haben. Sie haben das Richtige getan, weil Liebe in Ihrem Herzen ist und Sie stets von Liebe erfüllt sein möchten.

**Gebet zu den Schutzengeln meiner Familie**
*Mein Schutzengel, ich bitte dich, mir zu helfen.*
*Ich weiß, ich bitte dich jeden Tag darum.*
*Du weißt, dass ich zu Gott bete und ihn bitte,*
*die Schutzengel meiner Brüder und Schwestern,*
*meiner Mutter und meines Vaters sowie meiner*
*   ganzen Familie zu bitten,*
*ihnen ins Ohr zu flüstern,*
*nicht die ganze Zeit miteinander zu streiten und sich*
*   zu entzweien.*
*Mein Schutzengel, ich wünsche mir so sehr, dass*
*   meine Familie*
*wieder eine große Familie wird und glücklich ist.*
*Bitte halte daher Fürsprache bei ihren Schutzengeln,*
*dass sie ihnen weiterhin ins Ohr flüstern,*
*einander zu lieben.*
*Amen.*

In diesem Gebet bitten Sie Gott, Ihren Schutzengel sowie die Schutzengel aller Familienmitglieder, dabei zu helfen, Frieden und Liebe in Ihre Familie zu bringen, weil Sie Ihre Angehörigen lieben und es gar nicht mögen, wenn sie miteinander streiten oder sich entzweien und jahrelang nicht miteinander reden. Es bricht Ihnen das Herz, und Sie würden sich eine größere Nähe und Harmonie innerhalb Ihrer Familie so sehr wünschen.

Familien auf der ganzen Welt bitten mich, Gebete für sie zu sprechen, und möchten, dass die Engel diese in eine Gebetsrolle mit aufnehmen und sie zum Thron Gottes bringen. Diese Familien bitten häufig um Gebete, die Streitigkeiten beenden und zu einem friedlichen, liebevollen Miteinander führen können. Ich rate ihnen stets, die Tür zu öffnen oder jemanden aus ihrer Familie anzurufen. Wenn die Person am anderen Ende auflegt, ist das in Ordnung. Schicken Sie diesem Menschen dann eine Karte und sagen Sie ihm einfach, dass Sie ihn lieben.

Die Familie ist für Menschen aller Glaubensrichtungen von großer Bedeutung. Manchmal sagen wir, dass wir uns mit Menschen, die nicht zu unserer Familie gehören, besser verstehen, aber die Familie ist einfach wichtig. Ihre Mutter und Ihr Vater, Ihre Schwestern und Ihre Brüder. Sie haben sich Ihre Mutter und Ihren Vater ausgewählt, daran sollten Sie denken. Sie haben sich Ihre Familie ausgewählt, noch bevor Sie gezeugt wurden, und Sie wussten alles über sie und liebten sie bedingungslos. Als Kind haben wir diese Liebe in unserem Inneren, daher ist sie immer noch da.

Wir alle brauchen unsere Familien zu verschiedenen Zeiten im Leben, öffnen Sie daher diese Tür. Überlegen Sie, was Sie tun können, um die Brücke vorsichtig wieder aufzubauen. Egal welcher Religion Sie angehören – Ferienzeiten und religiöse Feierlichkeiten gehören zu den Zeiten, zu denen Sie eine Karte schicken können, um Ihrer Familie mitzuteilen, dass Sie sie lieben und dass sie stets in Ihre Gebete eingeschlossen ist. Halten Sie die Tür geöffnet. Wenn Sie selbst Kinder haben, sollten Sie ihnen von Ihrer Familie erzählen, von Cousins und Cousinen, Nichten und Neffen.

Ihre Kinder haben das Recht, alles über die Familie zu wissen. Ich bin vielen Cousins und Cousinen, Nichten und Neffen begegnet, die mir erzählten, sie hätten erst voneinander erfahren, als sie bereits über 20 Jahre alt waren. Aufgrund von Familienstreitigkeiten hatten sie nichts voneinander gewusst. Diese Nichten und Neffen verstehen sich großartig und interessieren sich nicht für die familiären Auseinandersetzungen der Vergangenheit. Verweigern Sie Ihren Kindern daher nicht das Recht, ihre Familie kennenzulernen, egal was auch geschehen ist.

**Gebet für mich und Menschen, die mir nahestehen**
*Lieber Gott,*
*bitte hilf mir, die Beziehung zu den Menschen,*
*die mir nahestehen, zu stärken.*

*Sie ist nicht sehr stabil.*
*Sie wird immer wieder zerstört.*
*Ich liebe sie.*
*Ich mache mir ständig Sorgen um sie.*
*Bitte umgib sie mit Deinen Engeln.*
*Amen.*

Sie lassen Gott wissen, wie schwer es Ihnen manchmal fällt, die Menschen in Ihrem Leben zu lieben: Ihre Familie und Ihre Freunde. Sie haben festgestellt, dass die Beziehung zu ihnen fragil ist, und bitten um Stärkung, weil Sie diese Menschen lieben.

### Gebet für Harmonie unter Geschwistern

*Lieber Gott,*
*ich liebe meinen Bruder/meine Schwester, aber wir*
   *streiten uns ständig.*
*Wenn wir miteinander reden, verletzen wir uns*
   *offenbar.*
*Ich tue das nicht absichtlich, mein Gott,*
*aber offenbar sage ich immer das Falsche.*
*Bitte hilf mir, mein Gott,*
*dass ich sensibler und liebevoller mit meinem*
   *Bruder/meiner Schwester umgehe.*
*Umgib ihn/sie mit Deinen liebenden Engeln.*
*Amen.*

Manchmal verstehen sich Geschwister zu bestimmten Zeiten in ihrem Leben nicht gut. Mit diesem kleinen Gebet bitten Sie Gott, Ihren Bruder oder Ihre
Schwester mit Seinen liebenden Engeln zu umgeben.
Und dass Er Ihnen helfen möge, sich gegenüber Ihrem Bruder oder Ihrer Schwester sensibler und ver-
ständnisvoller zu verhalten. Dazu müssen Sie die
Unterschiede zwischen sich und Ihrem Geschwister
erkennen und sich klarmachen, was Sie sich beide
wünschen.

Vor allem geht es bei diesem Gebet um die Liebe,
die Sie Ihrem Bruder oder Ihrer Schwester gegenüber empfinden. Es ist so wichtig, nicht miteinander
zu streiten und sich selbst und den anderen nicht zu
verletzen.

### Gebet für Schwestern

*Lieber Gott,*
*danke für meine Schwester, Gott.*
*Ich möchte sie einfach voller Liebe umarmen,*
*weil sie mir unendlich viel bedeutet.*
*Ich danke Dir für meine Schwester, mein Gott,*
*weil sie die Beste auf der Welt ist.*
*Ich weiß, dass es niemanden anderen gibt wie sie.*
*Ihr Name ist übrigens _____.*
*Amen.*

Mit diesem Gebet bedanken Sie sich bei Gott für die Schwester in Ihrem Leben, die Er Ihnen geschenkt hat. Sie lassen Gott ganz einfach wissen, dass Sie Ihre Schwester lieben und sie aus ganzem Herzen umarmen möchten.

### Gebet für Brüder

*Lieber Gott,*
*ich möchte meine Arme um meinen Bruder legen*
  *und ihn so wissen lassen,*
*dass ich ihn liebe.*
*Er ist der beste Bruder auf der Welt,*
*und Du hast ihn mir geschenkt.*
*Ich danke Dir für meinen Bruder,*
*und übrigens, sein Name ist _____.*
*Ich liebe ihn.*
*Danke für meinen Bruder, mein Gott.*
*Amen.*

Mit diesem Gebet können Sie Gott dafür danken, dass er Ihnen einen Bruder geschenkt hat, dass Sie einen Bruder in Ihrem Leben haben. Sie möchten Gott wissen lassen, dass Sie Ihren Bruder sehr lieben. Sie erinnern Gott an den Namen Ihres Bruders, obwohl klar ist, dass Gott dessen Namen gar nicht vergessen hat. Wie könnte Er ihn vergessen? Schließlich sind Sie und Ihr Bruder doch Gottes Kinder. Erzählen Sie Gott zum Beispiel von dem liebevollen Lächeln Ihres Bruders und von den Witzen, die er macht, sowie davon, dass er Ihnen hilft, wenn etwas erledigt werden muss.

Ich habe stets den Eindruck, dass es sehr wichtig ist, Gott zu danken und ihn an unsere Brüder und Schwestern und alle anderen Familienangehörigen zu erinnern und ihn zu bitten, sie mit Seinen Engeln zu umgeben und zu behüten; ihn zu bitten, dass unsere Brüder und Schwestern sooft wie möglich lächeln und glücklich sein mögen.

Bitten Sie Gott auch darum, dass sie zu wunderbaren Menschen heranwachsen und eigene Familien gründen. Und dass Er deren Familien mit Kindern segne und dass diese einander ebenfalls so lieben werden, wie Sie Ihren Bruder oder Ihre Schwester lieben.


**Gebet für meine Großmutter**
*Lieber Gott,*
*ich möchte Dich nur wissen lassen, dass ich meine*
*    Großmutter liebe.*
*Sie ist ein Teil meines Lebens, seitdem ich ein Kind*
*    war,*
*und nun bin ich erwachsen und habe ein eigenes*
*    Kind.*
*Meine Großmutter ist nun alt und schwach.*
*Sie hat mich so viel gelehrt, und ich gebe alles,*
*was sie mich gelehrt hat, an mein Kind weiter.*
*Ich liebe meine Großmutter, Gott,*

*ich möchte Dich lediglich daran erinnern,*
*und daran, dass sie die beste Großmutter ist, die*
    *man je haben kann.*
*Danke, Gott.*
*Amen.*


Dies ist ein Gebet für eine Mutter, deren Großmutter sehr alt und schwach ist. Während Sie Ihre Groß-mutter betrachten, wie sie mit Ihrem kleinen Kind im Schaukelstuhl sitzt und sich mit ihm unterhält, kön-nen Sie Ihre Erinnerungen Revue passieren lassen und sich bewusst machen, dass auch Sie eines Tages wahrscheinlich Großmutter sein werden. Sie hoffen, dass Sie eine ebenso gute Großmutter sein werden, wie Ihre Großmutter es für Sie ist. Sie erinnern Gott mit diesem Gebet einfach daran, wie sehr Sie Ihre Großmutter lieben und wertschätzen.

## Kapitel 7

# *Gebete um Beistand,*
# *wenn wir Kummer haben*

Gebete für Verstorbene machen keinen Sinn, weil sie unsere Gebete nicht brauchen, aber hier ist ein Gebet, das ein Mensch, der bald sterben wird, an Gott richten kann.

**Gebet, um den bevorstehenden Tod anzunehmen**

*Lieber Gott,*
*bitte hilf mir.*
*Schenke mir Frieden.*
*Es fällt mir wirklich schwer, die Tatsache zu*
*   akzeptieren,*
*dass ich sterben werde.*
*Gott, nimm mir die Sorgen und die Angst davor,*
*mich hilflos und machtlos zu fühlen.*

*Erfülle mich mit Deinem Frieden und Deiner*
*Liebe.*
*Hilf mir, die Zeit zu genießen, die mir mit meiner*
*Familie und meinen Freunden bleibt,*
*Deine Liebe und Präsenz zu spüren und Deine*
*Engel, die mich umgeben.*
*Mein Gott, hilf mir zu akzeptieren, dass ich sterben*
*werde,*
*und mich bereit zu machen, mein Gott,*
*Amen.*

Wenn jemand an einer unheilbaren Krankheit leidet oder einen schrecklichen Unfall hatte und weiß, dass er bald sterben muss, hilft das Gebet dabei, diese Tatsache zu akzeptieren. Viele Menschen fühlen sich so unvorbereitet. Der bevorstehende Tod kann sehr beängstigend sein. Das Gebet soll dabei helfen, sich nicht so zu fürchten, und Gottes Frieden über Sie strömen lassen. Nur wer selbst mit einer solchen Situation konfrontiert ist, versteht dieses Gebet.

Niemand stirbt je allein. Ihr Schutzengel nimmt sich Ihrer Seele an, und diejenigen, die Sie geliebt haben und die vor Ihnen gestorben sind, sind da, um gemeinsam mit den Engeln Ihre Hand zu halten und Sie in Frieden und Liebe nach Hause in den Himmel zu bringen.

### Gebet für meine Großeltern

*Lieber Gott,*

*bitte sende all Deine Heilengel zu meinen*
  *Großeltern.*

*Lege Deine heilenden Hände auf sie.*

*Lass sie durch Deine heilende Gnade wieder gesund*
  *werden.*

*Ich danke Dir, Gott, dass Du meine Großeltern ihr*
  *ganzes Leben lang behütet hast.*

*Ich danke Dir für meine Großeltern, Gott.*

*Amen.*

Ich erhalte viele Briefe von jungen Leuten, die mich bitten, für ihre Großeltern zu beten, weil diese alt oder krank sind oder vielleicht bald sterben werden. Hier ein Beispiel für ein Gebet, das ein junger Mensch selbst aufgeschrieben hat:

»Bitte hilf meinen Großeltern. Sie waren für uns stets die besten Großeltern der Welt. Ich und meine Brüder und Schwestern lieben sie sehr. Wir verbringen viel Zeit mit ihnen. Ich besuche sie häufig nach der Schule. Meine Großmutter und mein Großvater haben immer eine Kleinigkeit zu essen für mich. In letzter Zeit ging es beiden gesundheitlich nicht gut, und das macht mir Sorgen.

Ich bin erst 17, und ich dachte, meine Großeltern würden für immer leben, verstehst Du, Gott? Und nun wird mir klar, dass es nicht so sein wird. Ich wünsche mir nur, dass Du auf sie aufpasst, Gott. Neulich, als meine Großmutter mir einen Keks gab, zitterte ihre Hand. Ich weiß, dass Du sie eines Tages in den Himmel holen wirst.

Bitte hole meine Großeltern sehr sanft, wenn die Zeit gekommen ist. Ich hoffe, es ist noch lange nicht so weit, weil es mir wirklich das Herz brechen wird. Ich weiß nicht, wie ich mit dem Verlust meiner Großeltern fertigwerden soll, da ich sie so sehr liebe.«

Der junge Mensch, der dieses Gebet formuliert hat, wird sich gerade erst darüber klar, dass seine Großeltern alt werden. Als Kind war ihm das nicht bewusst, aber nun ist er ein Teenager. Er lässt Gott wissen, wie wichtig seine Großeltern stets für ihn waren und wie gern er nach der Schule bei ihnen vorbeischaut.

Mit dem Gebet würdigt er all die Liebe und Zuneigung, die seine Großeltern ihm geschenkt haben, und bringt die Traurigkeit zum Ausdruck, die er empfinden wird, wenn sie eines Tages sterben werden. Doch er hofft, es möge noch lange nicht so weit sein.

Wenn ein Kind einer Großmutter oder einem Großvater sehr nahesteht und Gott diesen Menschen nach Hause in den Himmel holt, sollten die Erwachsenen sich bewusst machen, dass das Kind ebenfalls trauert, genauso wie sie selbst. Ich bin vielen Kindern begegnet, die Großeltern verloren haben, zu denen sie eine sehr enge Beziehung hatten, und die durch deren Tod niedergeschmettert waren. Manchmal spricht ein Kind nicht darüber, weil der Schmerz zu groß ist. Manche Kinder hören nicht auf zu weinen, und andere werden einigen Eltern zufolge »frech«, sind es in Wirklichkeit aber nicht. Sie versuchen lediglich, den Schmerz und das Leid zum Ausdruck zu bringen, das sie empfinden.

Vergessen Sie daher nicht, mit den Kindern über den Verlust ihrer Großeltern zu reden. Sprechen Sie im Verlauf des Jahres immer wieder über die Dinge, die Oma und Opa gern getan haben. Natürlich dürfen Sie auch mal über die Dinge reden, die alle an Oma oder Opa genervt haben.

Machen Sie die Kinder darauf aufmerksam, dass Oma und Opa sich stets wünschen würden, dass sie sich an all die guten und lustigen Dinge erinnern und an die Zeiten, die sie miteinander verbracht haben.

**Kleines Gebet eines Kindes zu Gott**

*Gott,*
*warum hast Du meinen kleinen Bruder in den*
   *Himmel geholt?*
*Ich vermisse ihn.*
*Jeden Tag, wenn ich von der Schule nach Hause*
   *komme, suche ich nach ihm.*
*Ich vergesse immer wieder, dass er in den Himmel*
   *gekommen ist.*
*Hättest Du ihn nicht hier bei mir lassen können?*

*Damit wir gemeinsam hätten groß werden können?*
*Vielleicht werde ich es verstehen, wenn ich*
  *größer bin.*
*Jetzt verstehe ich es nicht, Gott, ich bin noch zu*
  *klein.*
*Amen.*

Dieses Gebet stammt von einem Kind, das seinen kleinen Bruder verloren hat. Es fällt ihm schwer, das zu begreifen und wahrzuhaben. Fast beklagt es sich bei Gott, indem es fragt, warum Er den kleinen Bruder nicht bei ihm lassen konnte.

Das Gebet eines Kindes zu Gott ist wie eine Geschichte. In diesem Fall sind es die Worte, die die Engel mir für dieses Gebet übermittelt haben. Sie sagen auch: »Viele Kinder auf der Welt wurden von ihren Schutzengeln aus dem Schlaf geweckt, die sie aufforderten, schnell ins Zimmer des Geschwisterchens zu gehen, weil ihr Bruder oder ihre Schwester in den Himmel kam.«

Hier ist das Gebet eines kleinen Kindes an Gott über diesen Tag.

*Lieber Gott,*
*Du hast mich aus dem Schlaf geweckt.*
*Ich habe gehört, dass mein Schutzengel mir ins Ohr*
  *geflüstert hat:*
*»Deine kleine Schwester kehrt nach Hause in den*
  *Himmel zurück.«*

Als ich ihre Zimmertür geöffnet habe,
habe ich meine Schwester gesehen.
Ihr Schutzengel hatte seine Flügel um sie gelegt.
Es sah so aus, als würde sie schlafen.
Der Raum war voller Engel.
Es war sehr hell, Gott.
Ich rief nach meiner Mama und nach meinem Papa
und versuchte, meine Tränen zurückzuhalten.
Sie kamen herbeigelaufen.
Meine Eltern hielten meine Schwester in den
    Armen.
Ich stand neben ihnen. Mein Papa hatte seinen Arm
    um mich gelegt.
Gott, die Seele meiner Schwester stand bereits auf
    der anderen Seite des Bettes,
der Schutzengel hatte seine Flügel um sie gelegt.
Sie sah so schön aus.
Ich sagte schluchzend: »Geh nicht. Bitte geh nicht.«
Meine kleine Schwester antwortete mir
und sagte: »Ich muss gehen. Ich gehe nur nach
    Hause.
Ich bin nicht mehr krank.«
Sie sah zu ihrem Schutzengel hinauf,
und ihr Schutzengel blickte zu meiner kleinen
    Schwester hinab.
Meine Schwester wandte sich mir zu und sah mich
    mit einem strahlenden Lächeln an,
und dann war sie gestorben.
Das wollte ich Dir einfach erzählen, mein Gott.
Amen.

Die Engel haben mir von solchen Ereignissen erzählt, bei denen ein Kind Gott im Gebet die Geschichte erzählt, wie sein Bruder oder seine Schwester in den Himmel gekommen ist. Das Kind hier berichtet Gott von der Nacht, als sein Schutzengel es aus dem Schlaf geweckt hat, und es hat ohne zu zögern sofort reagiert. So wurde es ihm erlaubt, für einen Moment die Seele seiner Schwester gemeinsam mit deren Schutzengel zu sehen. Natürlich bat das Kind seine Schwester, nicht zu gehen.

Wenn so etwas geschieht, erinnert sich das Kind nach der Trauerzeit meistens nicht mehr daran. Aber manchmal wird es ihm durch seinen eigenen Schutzengel oder durch die Seele des Bruders oder der Schwester wieder ins Gedächtnis gerufen, damit es weiß, dass es nicht allein ist und dass es ebenfalls einen wunderschönen Schutzengel hat.

So erfährt das Kind auch, dass es seinen Bruder oder seine Schwester eines Tages wiedersehen wird. Allerdings erst nach sehr, sehr langer Zeit, wenn es selbst dereinst nach Hause in den Himmel kommen wird. Vielleicht wird dieser Mensch sehr alt werden, und seine Angehörigen sind vor ihm gestorben. Möglicherweise wird er zum Zeitpunkt seines Todes selbst schon Kinder und Enkel haben.

# Kapitel 8

## Gebete um Ermutigung, den eigenen Lebensweg zu verfolgen

**Gebet bei Arbeitslosigkeit**

*Lieber Gott,*

*ich bitte Dich inständig, all Deine Engel zu mir zu schicken.*

*Ich bin arbeitslos und brauche jede Hilfe, die ich bekommen kann.*

*Bitte, Gott, schicke daher Deine Engel, die mir helfen, Arbeit zu finden.*

*Ich suche jeden Tag nach Arbeit und zweifle zunehmend daran,*

*ob ich je wieder eine Anstellung finden werde.*

*Ich bin ein guter, hart arbeitender Mensch, Gott,*

*darum hilf mir bitte, einen Job zu finden.*

*Amen.*

Diese Situation kann jeden treffen. Vielleicht sind Sie ohne eigenes Verschulden arbeitslos geworden und suchen bereits seit längerer Zeit nach einem anderen Job, hatten aber bisher keinen Erfolg. Mittlerweile sind Sie verzweifelt und beten nun als letzte Hoffnung. Sie bitten Gott darum, Seine Engel zu schicken, um mit deren Beistand Arbeit zu finden.

**Gebet, um eine Arbeit zu finden, egal welche**
*Lieber Gott,*
*ich bin arbeitslos und habe alle Hoffnung verloren.*
*Ich bin deprimiert und verzweifelt.*
*Es scheint so, als bewegte ich mich ständig im Kreis.*
*Ich fühle mich wertlos, weil ich keine Arbeit habe.*
*Gott, bitte hilf mir, einen Job zu bekommen.*
*In meiner verzweifelten Situation*
*ist es mir egal, was für eine Arbeit es ist, Gott.*
*Ich bin bereit, Böden zu schrubben. Ich brauche*
    *einfach Arbeit,*
*um mein Selbstwertgefühl zurückzuerlangen.*
*Bitte, Gott, hilf mir, einen Job zu bekommen.*
*Jede Arbeit ist mir recht, Gott.*
*Amen.*

Dies ist das Gebet eines deprimierten und verzweifelten Menschen, der arbeitslos ist und keine Anstellung findet. Mit einem solchen Gebet können wir Gott bitten, uns zu helfen, irgendeine Arbeit zu finden. Die eigene Verzweiflung kommt darin deutlich zum Ausdruck. Wir möchten die Hoffnung, Arbeit zu bekommen, nicht aufgeben, und erklären, dass wir jede Arbeit annehmen werden. Wir lassen Gott und Seine Engel wissen, dass jeder Job für uns in Ordnung wäre.

Die Kluft zwischen Arm und Reich vergrößert sich in der heutigen Welt enorm. Wir alle müssen etwas dagegen unternehmen. Wenn Sie arm sind, ist es nicht Ihre Schuld. Sie haben nichts falsch gemacht, denn Sie arbeiten hart. Sie tun alles, was Sie können, um das Leben für Ihre Kinder leichter zu machen. Sie möchten eine Zukunftsperspektive erkennen, aber die Welt trampelt auf den Armen herum – und das müssen wir beenden. Die Welt muss sich verändern. Wir befinden uns im 21. Jahrhundert. Niemand sollte so arm sein, dass er sich hilflos fühlt und keine Hoffnung sieht. Doch es gibt so viele arme Menschen auf der Welt, denen es so ergeht. Wir sollten uns alle schämen.

Ich möchte jeden, der arbeitslos wird, dazu anhalten, nicht aufzugeben. Ich weiß, wie wichtig es ist, Arbeit zu haben. Es stärkt unser Selbstwertgefühl. Es zaubert uns ein Lächeln ins Gesicht, wenn wir wissen, dass wir uns unseren Lebensunterhalt selbst verdienen können. Und das ist für uns alle sehr wichtig, egal wie alt wir sind. Geben Sie daher nicht auf. Suchen Sie weiterhin nach Arbeit. Wenn es irgendeine Arbeit in Ihrer Gemeinde gibt, sollten Sie diese tun; so können Arbeitgeber sehen, dass Sie bereit sind zu arbeiten.

## Gebet für Arbeitgeber

*Lieber Gott,*

*ich bitte Dich inständig, all Deine Engel zu den
Arbeitgebern der Welt zu schicken,*

*damit sie diesen helfen zu erkennen, dass die
Menschen Arbeit brauchen,*

*damit sich die Welt weiter dreht,*

*und damit die Arbeitgeber erkennen, dass es nicht
nur ums Geld geht.*

*Gott, lass ihre Schutzengel ihnen ins Ohr flüstern,
dass sie Menschen einstellen sollen*

*und dass sie bereit sein sollen, etwas weniger
Gewinn zu machen.*

*Gott, ich glaube, das wäre nicht zu viel von den
Arbeitgebern verlangt.*

*Die Arbeit ist für uns alle sehr wichtig, und einen
Job zu haben,*

*würde vielen Menschen ein Lächeln schenken.*

*Ich wollte Dich nur darum bitten. Danke, Gott.*

*Amen.*


Mit diesem Gebet können wir alle dazu beitragen, unsere Welt zu verändern und Arbeitgeber darin zu bestärken, dass es im Leben nicht nur um riesige Profite geht. Wir wissen, dass ein Unternehmen Gewinne machen muss, um zu expandieren, aber wenn der Spielraum vorhanden ist, ein paar weitere Männer und Frauen einzustellen, sollte ein Arbeitgeber das tun. In diesem Gebet bitten Sie Gott, Arbeitge-

bern zu helfen, auf das zu hören, was deren Schutzengel ihnen zuflüstern, und darauf zu reagieren. Wir
alle können dieses Gebet sprechen, egal ob wir arbeitslos sind oder nicht. Wir tun es auch für unser
zukünftiges Selbst, für den Fall, dass wir oder jemand
aus unserer Familie arbeitslos werden sollte.

Wenn Sie ein Arbeitgeber sind, berührt dieses Gebet vielleicht Ihr Herz, und Sie finden einen Weg, einen weiteren Mitarbeiter einzustellen, um ihm Hoffnung zu schenken.

**Gebet für geschäftliches Wachstum**
*Lieber Gott,*
*ich bin Unternehmer/Unternehmerin.*
*Ich weiß nicht, ob Du das weißt, Gott,*
*aber ich lasse es Dich für alle Fälle trotzdem wissen.*
*Ich arbeite hart dafür, dass mein Unternehmen*
*    weiterhin wächst,*
*für diejenigen, die ich eingestellt habe.*
*Es ist mir sehr wichtig, Gott,*
*dass ich nie einen meiner Angestellten entlassen*
*    muss*
*und dass ich vielleicht in der Zukunft, falls meine*
*    Firma weiterhin wächst,*
*mit Deinem Segen, mein Gott,*
*noch ein paar Männer und Frauen einstellen kann.*
*Hilf meinem Unternehmen daher bitte zu wachsen.*
*Amen.*

Dies ist das Gebet eines Unternehmers oder einer Unternehmerin, egal in welchem Alter. In dem Gebet spricht dieser Mensch mit Gott und erzählt Ihm, dass es ihm um die Angestellten geht und wie wichtig es ihm bzw. ihr ist, dass das Unternehmen weiterhin wächst.

Sie sehen, dass dieser Mensch die eigenen Mitarbeiter nicht enttäuschen möchte. Er begegnet ihnen mit Würde und Achtung und möchte nie jemanden entlassen. Vielmehr sollen sich die Angestellten in ihren Jobs entwickeln, um Zufriedenheit und Erfüllung zu finden.

Das ist ein guter Arbeitgeber, weil er nicht nur an sich selbst oder an das Wachstum des Unternehmens denkt oder daran, Geld zu verdienen, sondern auch an die Mitarbeiter, die sich dort wohlfühlen sollen. Er möchte, dass sein Unternehmen erfolgreich ist und weiter wächst. In meinen Augen empfindet dieser Arbeitgeber Liebe für seine Angestellten.

### Gebet, um Gott für einen Arbeitsplatz zu danken

*Lieber Gott,*
*ich hüpfe vor lauter Freude auf und ab.*
*Danke, danke. Ich habe einen Job bekommen.*
*Danke, dass Du mich nicht hast aufgeben lassen*
*und alle Deine Engel geschickt hast, um mir zu*
  *helfen.*
*Danke, Gott,*

*dass ich auf meinen Schutzengel gehört habe,*

*egal wie oft ich enttäuscht wurde,*

*egal wie oft ich abgelehnt wurde und einen Job*
*nicht bekam.*

*Danke, mein Gott,*

*dass Du meinen Schutzengel angewiesen hast, mir*
*ins Ohr zu flüstern:*

*»Suche weiter, suche weiter.«*

*Und nun hüpfe ich vor lauter Freude auf und ab,*
*Gott.*

*Ich danke Dir so sehr.*

*Ich habe endlich einen Job.*

*Danke, mein Gott.*

*Amen.*

Da hat jemand endlich eine Arbeit gefunden und dankt Gott dafür, dass er nicht aufgegeben hat, egal, wie oft er auch abgelehnt wurde. Der Schutzengel war es, der diesen Menschen auf Geheiß Gottes immer wieder angewiesen hat dranzubleiben.

Manchmal kann die Botschaft, die Gott Ihnen von Ihrem Schutzengel ins Ohr flüstern lässt, so einfach sein wie: »Suche weiter.« Sie hätte ebenso gut lauten können: »Gib nicht auf.« Diese Worte sind ermutigend, und nun macht man vor lauter Freude Luftsprünge, weil es mit der Arbeit geklappt hat. Wie sehr man es zu schätzen weiß, dass man einen Job bekommen hat, wie wunderbar es ist und was es einem bedeutet – all das möchte man Gott mitteilen.

Doch es geht auch darum, sich bei seinem Schutzengel und bei all den anderen Engeln zu bedanken und nicht zuletzt beim Arbeitgeber.

**Gebet um Hilfe im neuen Job**
*Lieber Gott,*
*danke für meinen neuen Job,*
*danke für meinen neuen Arbeitgeber,*
*dafür, dass Du mir die Chance gibst zu arbeiten.*
*Hilf mir, meinem neuen Arbeitgeber zu zeigen,*
*dass ich es verdient habe, Gott.*
*Weise meinen Schutzengel weiterhin an, mir ins Ohr*
*    zu flüstern,*
*dass ich meinen Job so gut machen muss, wie ich*
*    kann.*
*Danke, Gott.*
*Amen.*

Dies ist nur ein kurzes, kleines Gebet. Sie haben eine Anstellung gefunden und bedanken sich erneut bei Gott für Ihren neuen Job. Sie danken Gott auch für die Person, die Sie eingestellt hat, und bitten Gott darum, Ihren Schutzengel anzuweisen, Sie immer wieder sanft, aber nachhaltig daran zu erinnern, stets Ihr Bestes zu geben.

Vermutlich vergessen wir auch, Gott dafür zu danken, dass unser neuer Arbeitgeber uns diese Chance gegeben hat, dass er uns möglicherweise unter an-

deren Menschen ausgewählt hat, die sich um denselben Job beworben haben.

### Gebet, um anderen bei der Arbeitssuche zu helfen

*Gott,*
*ich habe jetzt einen neuen Job,*
*aber ich habe nachgedacht, Gott,*
*über all die anderen Männer und Frauen,*
*die sich auf denselben Job beworben haben wie ich*
*und abgelehnt wurden.*
*Mein Herz ist traurig wegen ihnen,*
*und ich bitte Dich, Gott,*
*falls es irgendwie möglich ist,*
*könntest Du all diesen Männern und Frauen helfen,*
*ebenfalls einen Job zu bekommen?*
*Das würde ich sehr zu schätzen wissen,*
*Gott.*
*Amen.*

Ich finde, dies ist ein wunderbares Gebet. Inmitten
seines Glücks, selbst einen Job gefunden zu haben,
betet ein Mensch auch für andere. Sein Herz ist bewegt, weil er weiß, dass viele andere sich auf denselben Job beworben haben und ihn nicht bekommen
haben. Er bittet Gott darum, dass all die anderen
Männer und Frauen ebenfalls einen Job finden. Dieser Mensch bringt Gott gegenüber zum Ausdruck,

wie sehr er es gutheißen würde, wenn all diese Männer und Frauen das Gleiche erreichen könnten wie er selbst.

Dieses Gebet zeigt, dass es darum geht, jetzt auch an all die anderen Männer und Frauen zu denken, die ebenfalls gehofft haben, den Job zu bekommen. Doch es gab nur einen Job, und nur eine Person konnte ihn bekommen. Doch trotz der Dankbarkeit und Freude, die man empfindet, wenn man der Glückliche ist, kann man gleichzeitig an all die anderen Männer und Frauen denken, die nicht erfolgreich waren, obwohl man sie gar nicht kennt.

### Gebet eines Obdachlosen

*Lieber Schutzengel,*
*ich brauche deine Hilfe.*
*Ich bin verzweifelt und obdachlos, und ich weiß*
*nicht, was ich tun soll.*
*Ich danke Gott für alles, was Er mir in meinem*
*Leben geschenkt hat.*
*Ich brauche einfach etwas Unterstützung, um von*
*der Straße wegzukommen*
*und ein Dach über dem Kopf zu haben.*
*Ich werde Gottes Plan befolgen, wie auch immer er*
*aussehen mag.*
*Teile Gott mit, dass ich bereit bin, auf Ihn zu hören,*
*mein Schutzengel.*
*Amen.*

Dies ist ein Gebet für jemanden, der auf der Straße schläft, eine Decke um sich herumgewickelt und unter sich Zeitungspapier liegen hat und der um Hilfe bittet, um aus dieser misslichen Lage herauszukommen. Kälte und Regen machen einem Obdachlosen sehr zu schaffen, und es braucht ein Dach über dem Kopf, um das eigene Leben zurückzugewinnen. So wendet sich dieser Obdachlose an seinen Schutzengel, um ihn wissen zu lassen, dass er bereit ist, sich an das zu halten, was Gott auch immer mit ihm vorhat, und dass er seinen Teil dazu beitragen wird in der Hoffnung, bald nicht mehr obdachlos zu sein.

Niemand sollte obdachlos sein. Jeder sollte ein Zuhause haben. Es ist ein Menschenrecht, und wir alle wissen das.

**Gebet um finanzielle Hilfe**

*Lieber Gott,*
*ich danke Dir für all die materiellen Dinge, die Du*
*mir in diesem Leben bereits geschenkt hast.*
*Ich brauche Deine Hilfe, mein Gott.*
*Hilf mir, auf meinen Schutzengel zu hören,*
*hilf mir, nach Beistand und Führung zu suchen,*
*damit ich aus diesem Schlamassel herauskomme.*
*Lass Dein Licht auf dem Weg vor mir leuchten,*
*damit ich ihm folgen kann, mein Gott,*
*damit ich die finanzielle Hilfe finde, die ich brauche.*
*Danke, mein Gott.*
*Amen.*

Die meisten von uns machen sich Sorgen über Geld. Dies ist ein Gebet, mit dem Sie Gott bitten können, damit er Ihnen dabei hilft zu erkennen, welche Richtung Sie einschlagen sollten, um finanzielle Probleme zu überwinden. Oft hilft auch die Einsicht, dass man es nicht allein schaffen wird und den Mut haben sollte, die Engel, Gott und andere Menschen um Unterstützung zu bitten. Mit diesem Gebet sprechen Sie bereits zu Gott und bringen zum Ausdruck, dass Ihnen klar ist, dass Ihr Schutzengel Sie bei Ihrem Vorhaben bestärkt – Sie müssen nur auf ihn hören.

Manchmal kommen Geldsorgen anderen Menschen vielleicht klein vor, aber für uns selbst sind sie riesig. Möglicherweise sehen Sie als Mutter oder Vater keine Möglichkeit, das Geld aufzutreiben, das Ihr Kind für die Schule braucht, oder Sie haben Probleme, Ihre Stromrechnung zu bezahlen. Scheuen Sie sich nicht davor, um Hilfe zu bitten.

Gott wird Ihnen stets helfen, einen Weg zu finden, um das Problem zu lösen, und Ihr Schutzengel wird alles tun, damit Sie darauf hören, wenn er Ihnen sagt, wohin Sie sich wenden und was Sie tun sollten.

**Gebet, um ein Haus zu verkaufen**
*Lieber Gott,*
*ich bitte Dich inständig, Gott, mein Haus jetzt mit*
*Deinen Engeln zu umgeben.*
*Lass die Liebe, die seit Generationen in diesem Haus*
*vorhanden ist,*

*diejenigen berühren, die kommen, um es zu besichtigen,*
*damit sie das Haus kaufen mögen, das Du mit Liebe gesegnet hast.*
*Lass Deine Engel in jeder Ecke jedes Raums sein, Gott.*
*Sorge dafür, dass mein Haus verkauft wird.*
*Ich danke Dir für alles, Gott.*
*Amen.*

Wenn Sie, aus welchem Grund auch immer, umziehen und aufgrund dessen Ihr bisheriges Haus verkaufen müssen, kann das sehr viel Stress verursachen. Mit diesem Gebet bitten Sie Gott darum, dass Er dieses Vorhaben unterstützt, indem Er Seine Liebe daraus hervorleuchten lässt. Wenn Seine Engel in jeder Ecke des Hauses sind, spüren die Menschen, die in das Haus hineingehen, wie viel Liebe es dort gab, und sie können sich vorstellen, es zu ihrem eigenen neuen Zuhause zu machen.

### Gebet, um eine Wohnung zu verkaufen

*Lieber Gott,*
*danke im Voraus für den Verkauf meiner Wohnung, Gott.*
*Ich bin jetzt ein bisschen traurig, Gott, dass ich sie verlassen muss,*
*wegen all der vielen glücklichen Erinnerungen.*

*Segne sie für die neue Familie und erfülle sie mit*
  *Deinen Engeln, mein Gott.*
*Erfülle sie mit Liebe, Glück und Freude.*
*Danke, mein Gott.*
*Amen.*

Indem man Gott schon im Voraus für den Verkauf der Wohnung dankt, lässt man Ihn wissen, dass man daran glaubt und darauf vertraut, dass die Wohnung verkauft wird. Und zugleich tut man alles, was in der eigenen Macht steht, um die Wohnung zu bewerben und zu verkaufen, denn man muss seinen Teil ebenfalls dazu beitragen, dass es mit dem Verkauf klappt.

Je mehr Beten für Sie zur Gewohnheit wird, desto mehr können Sie innerlich wachsen. Sie sprechen jeden Tag mit Gott. Sie werden spiritueller, haben mehr Vertrauen, und Ihr Glauben wird stärker. Egal ob Sie im Zug oder im Bus oder in einer Kneipe sitzen. Sie kommunizieren mit Gott. Sie können auch darum beten, an Gott zu glauben.

Während Sie dieses Gebet sprechen, sollten Sie an all die glücklichen Erinnerungen in dieser Wohnung denken sowie an die neuen Besitzer, wer immer sie auch sein mögen. Sie wissen, dass Sie bald ausziehen werden, und bitten Gott darum, die Wohnung für die Nachfolger zu segnen und sie mit Seinen Engeln zu erfüllen, damit Liebe, Glück und Freude Einzug halten.

# Kapitel 9

## *Gebete bei Suchtproblemen und Gruppenzwang*

### Gebet bei Drogen- oder Alkoholabhängigkeit

*Lieber Gott,*
*ich bin ein Drogensüchtiger/Alkoholiker*
*und ich weiß mir nicht zu helfen.*
*Ich weiß, dass Du mich mit Deinen Engeln umgeben*
*hast.*
*Ich weiß, dass mein Schutzengel mir ständig ins Ohr*
*flüstert,*
*dass ich von den Drogen/dem Alkohol loskommen*
*kann, dass ich es schaffen kann,*
*aber ich höre nicht auf ihn,*
*und ich bitte Dich, mein Gott,*
*bitte hilf mir zuzuhören,*
*die Worte meines Schutzengels zu hören*
*und daran zu glauben, dass ich es schaffen kann.*
*Amen.*

Für einen Drogenabhängigen oder Alkoholiker ist es ein wichtiger Schritt, sich die eigene Sucht einzugestehen. Das kann er mit diesem Gebet tun. Er teilt darin Gott mit, dass er sich wirklich nicht zu helfen weiß, obwohl er seinen Schutzengel durchaus wahrnimmt, der ihn jeden Tag daran erinnert, dass er von den Drogen oder dem Alkohol loskommen kann. Dieser Mensch scheint nicht den Mut und die Kraft zu haben, deshalb bittet er Gott um Unterstützung. Er muss nur auf seinen Schutzengel hören und an sich glauben – daran, dass er es schaffen kann. Der erste Schritt ist stets der schwierigste für einen Menschen, der ein Suchtproblem hat.

Die Engel sagen mir immer wieder, dass Abhängige von ihrer Sucht loskommen können, aber sie sollten einen Schritt nach dem anderen tun. Wenn Sie von Drogen abhängig sind, können Sie es schaffen, davon bin ich überzeugt. Glauben Sie bitte an sich selbst.

**Gebet, um sich von Drogen- oder Alkoholabhängigkeit zu befreien**

*Lieber Gott,*
*ich war so dumm.*
*Ich habe weder auf Dich gehört, Gott, noch auf*
*    meinen Schutzengel,*
*als ein paar Freunde Druck auf mich ausgeübt*
*    haben:*
*»Komm schon, probiere es einfach mal. Es ist gut.*
*    Es schadet dir nicht.«*

*Ich wollte einfach dazugehören, Gott,*
*dabei habe ich die ganze Zeit gehört, dass Du Nein*
*sagst,*
*dennoch habe ich es gemacht.*
*Ich habe die Droge genommen/den Alkohol*
*getrunken,*
*und nun hält die Droge/der Alkohol mich gefangen.*
*Hilf mir, Gott und all Deine Engel,*
*aus diesem Gefängnis herauszukommen und mich*
*von dieser Drogen-/Alkoholabhängigkeit zu*
*befreien.*
*Ich möchte mein Leben wiederhaben.*
*Bitte, Gott, hilf mir.*
*Amen.*

Sehr viele junge Leute können zum Drogen- oder Alkoholkonsum verführt werden, vor allem wenn sie gerade ihre ersten selbstständigen Schritte im Leben machen. Sie möchten eine gute Zeit und Spaß haben, und heutzutage ist es so einfach, in Kontakt mit Drogen zu kommen oder auf exzessive Weise Alkohol zu trinken, weil beides überall zu bekommen ist. Das ist nicht nur bei jungen Leuten der Fall, sondern auch bei denjenigen, die älter sind. Häufig heißt es, diese Drogen oder der Alkohol wären nicht gefährlich, sie würden einem nicht schaden und man müsse sie gar nicht ein zweites Mal ausprobieren, aber so funktioniert es nicht immer.

Dies ist das Gebet eines jungen Menschen. Obwohl er Gott und seinen Schutzengel gehört hat, wie sie versuchten, ihn von den Drogen oder dem Alkohol abzuhalten, richtete er sich nicht nach ihnen, nur weil er zur Gruppe neuer Freunde dazugehören wollte. Jungen Menschen ist eines sehr wichtig – sie wollen akzeptiert werden, aber ich sage stets zu ihnen: »Sei einfach du selbst. Versuche nicht, jemand anderer zu sein, dann wirst du dazugehören.«

Für einen jungen Menschen ist es sehr schwer, Nein zu sagen. Wenn er es tut, ist das ein Zeichen großer Charakterstärke. Dieser junge Mensch hier sticht hervor. Ich bin davon überzeugt, dass diejenigen, die der Masse nicht folgen, auf der Welt etwas bewirken, weil sie keine Angst davor haben, Nein zu sagen, wenn sie wissen, dass etwas falsch, ungerecht oder unmoralisch ist.

Wir alle sollten heutzutage für die jungen Menschen auf der Welt beten, aber auch für diejenigen, die älter sind und sich aufgrund schlechter Einflüsse verstricken.

Das Leben sollte voll ausgeschöpft werden. Beten Sie zu Gott, dass er Ihnen die Kraft geben möge, Nein zu sagen und Sie selbst zu sein – der wunderbare Mensch, der Sie sind.

**Gebet um Unterstützung bei einer Suchterkrankung**
*Lieber Gott,*
*ich bitte Dich inständig,*
*bitte schicke all Deine Engel, um mir zu helfen,*

*damit ich denjenigen, die mich lieben, beweisen*
*   kann,*
*dass ich die Drogen/den Alkohol aufgeben*
*   möchte.*
*Befreie mich mit der Hilfe Deiner Engel von den*
*   Drogen/dem Alkohol.*
*Ich bin verzweifelt, Gott.*
*Sieh mich an –*
*ich zittere.*
*Ich weine.*
*Wenn ich so weiterlebe,*
*werde ich meine Familie, meine Kinder, meine*
*   Freunde, alle, die mich lieben, verlieren.*
*Gott, lass diejenigen, die mich lieben, mich nicht*
*   aufgeben.*
*Bitte hilf mir. Verlasse mich nicht, mein Gott.*
*Amen.*

Wenn jemand allein dasitzt, zitternd und weinend, wenn er an einem Punk angelangt ist, an dem er erkennt, dass er seine Familie, seine Kinder, all die Menschen, die ihn lieben, verlieren wird, sofern er sich nicht von den Drogen oder dem Alkohol löst, und an dem er begreift, wie wichtig das alles ist, dann ist dieses Gebet für ihn geeignet.

Es bringt die ganze Verzweiflung zum Ausdruck. Dieser Mensch betet zu Gott und Seinen Engeln, ihn nicht aufzugeben und auch nicht zuzulassen, dass seine Familie ihn aufgibt.

Indem er auf diese Weise betet, gesteht er sich ein, dass er es nicht allein schaffen kann, und er ist zumindest bereit zu versuchen, ohne Drogen oder Alkohol auszukommen. Er wird mit aller Kraft kämpfen, die er hat, aber er braucht Unterstützung von denjenigen, die er liebt, obwohl er sie möglicherweise schrecklich verletzt oder sogar zu zerstören versucht hat.

Wenn ein Drogenabhängiger weiß, dass er von seiner Familie und seinen Freunden geliebt wird, hilft ihm das, sich von den Drogen oder dem Alkohol zu befreien und sich sein Leben zurückzuerobern. Es ist wichtig, sich das jeden Tag bewusst zu machen. Man muss einen Schritt nach dem anderen machen, unterstützt von den Angehörigen.

### Gebet der Mutter eines Drogenabhängigen oder Alkoholikers

*Lieber Gott,*
*ich bin eine Mutter,*
*und mein Kind ist vollkommen vom Weg*
*    abgekommen.*
*Es hat sich mit den falschen Leuten eingelassen,*
*und nun ist mein Kind drogenabhängig/ein*
*    Alkoholiker.*
*Mein Herz ist zerrissen.*
*Ich habe alles getan, was möglich ist, um meinem*
*    Kind zu helfen.*
*Mein Kind hat meine Hilfe abgelehnt*

*und hat mich beschimpft, bestohlen und sogar
geschlagen.*
*Gott, ich höre Deine Worte.*
*Ich höre, was mein Schutzengel mir zuflüstert,
dass ich stark sein muss.*
*Gott, bitte gib mir die Kraft, für mein Kind da zu
sein,*
*selbst im Schatten.*
*Lass Deine Engel mein Kind stets beschützen,*
*weil mein Kind denkt, ich sei der Feind,*
*aufgrund der Drogen/des Alkohols,*
*und jede Hilfe ablehnt.*
*Einfach zu wissen, dass Du da bist, mein Gott,*
*gibt mir die Kraft.*
*Danke für meinen Schutzengel,*
*der mich führt, um meinem Kind zu helfen.*
*Amen.*

Hier wendet sich eine Mutter – ebenso gut kann es
ein Vater sein – verzweifelt an Gott, weil das eigene
Kind von Drogen oder Alkohol zerstört wird. Die
Mutter fühlt sich vollkommen hilflos, weil ihr Kind
sie als Feind betrachtet. Dabei versucht sie lediglich,
ihm zu helfen, ihr Kind zu retten, egal wie sehr es sie
beschimpft oder wie gewalttätig es sich ihr gegenüber möglicherweise verhält. Diese Mutter tut ihr
Bestes, um ihr Kind nicht aufzugeben, weil sie es
liebt. Sie bittet um Gottes Hilfe, damit ihr Kind die
Kraft hat, die es auf dieser Reise brauchen wird.

Viele Eltern in derselben Lage haben riesige Angst davor, dass eines Tages jemand an der Tür klopfen wird, um ihnen zu sagen, dass ihr Kind an einer Überdosis gestorben ist oder an einer Alkoholvergiftung oder durch irgendeine Form von Gewalt auf der Straße. Keine Mutter, kein Vater wünscht sich das für das eigene Kind, weil sie all das Gute in ihrem Kind sehen, all die Liebe, die vorhanden ist, selbst wenn der Sohn oder die Tochter von Drogen und Alkohol bezwungen wurde.

Eltern wollen auf ihr Kind zugehen und ihm ihre Hilfe anbieten. Sie wollen ihre Hände ausstrecken, so weit sie können, und das Kind bitten, sie zu ergreifen und Drogen und Alkohol aufzugeben. Sie möchten ihrem Kind helfen, damit es frei ist und wieder ein ganz normales Leben führen kann.

Kein Elternteil will das eigene Kind durch Drogen, Alkohol oder eine Krankheit sterben sehen, niemand will hören, dass es in einer Auseinandersetzung wegen Drogen niedergestochen wurde und seinen Verletzungen erlegen ist. Für Eltern wäre dies ein Albtraum und für die gesamte Familie ein schockierendes Ereignis.

**Gebet für Geschwister**
*Lieber Gott,*
*ich bitte all Deine Engel, meinen Bruder zu*
  *umgeben.*
*Er tut etwas, das er nicht tun sollte, Gott.*

*Ich habe Angst um ihn.*
*Ich habe meinen Schutzengel darum gebeten,*
    *seinen Schutzengel aufzufordern,*
*dass er meinen Bruder dazu anhält, auf ihn zu hören*
*und damit aufzuhören, was er tut.*
*Umgib ihn weiterhin mit Deinen Engeln, Gott. Halte*
    *sie dazu an,*
*ihn niemals aufzugeben.*
*Amen.*

Ich liebe dieses Gebet. Man kann es genauso gut für die eigene Schwester sprechen. Oft erhalte ich Briefe von Teenagern, die mich bitten, für ihre Schwester oder ihren Bruder zu beten, meistens weil ihr Geschwister Drogen nimmt oder sehr viel Alkohol trinkt und gefährliche Dinge tut. Der Teenager hat große Angst. Immer wieder fragt er seine Schwester oder seinen Bruder, was los ist, aber diese(r) wird daraufhin stets sehr wütend und bedroht ihn; daher schickt er mir einen Brief, in dem er mich bittet, für seinen Bruder oder seine Schwester zu Gott zu beten. Doch indem er diese Bitte äußert, betet er selbst ebenfalls.

Man muss allerdings kein Teenager sein, um Gott anzuflehen, er möge den eigenen Bruder oder die Schwester mit Engeln umgeben, wenn diese etwas Falsches tun. Man kann das mit all der Liebe, die man für den Bruder oder die Schwester empfindet, in diesem Gebet zum Ausdruck bringen und auch, dass man ihm oder ihr das Beste wünscht.

Viele von uns haben, egal wie alt wir sind, häufig Angst um die Menschen, die wir lieben, besonders wenn wir miterleben, dass jemand, der uns wichtig ist, auf die schiefe Bahn geraten ist. Wir tun alles Mögliche, um ihm zu helfen, aber es ist nie leicht. In unserem Herzen wissen wir, dass das Gebet hilft, uns Kraft zu schenken, um denen zu helfen, die wir lieben. Vergessen Sie nie zu beten.

## Kapitel 10

## *Gebete um Heilung*

**Gebet, wenn ein Angehöriger operiert wird**
*Lieber Gott,*
*schicke all Deine Heilengel,*
*um meinen Angehörigen mit ihnen zu umgeben, der*
*    am Herzen operiert wird.*
*Lass Deine Heilengel die Hände des Chirurgen*
*    führen.*
*Gieße Deine liebende Gnade über meinem*
*    Angehörigen aus.*
*Bitte, Gott, lass die Operation erfolgreich verlaufen.*
*Amen.*

Wenn Sie die Operation eines nahestehenden Menschen unterstützend begleiten möchten, können Sie
Gott wie in diesem Gebet darum bitten, über die
Heilengel die Hände des Chirurgen zu führen. Und
genauso wertvoll ist es, wenn Er Seine liebende Gna-

de über Ihrem Angehörigen ausschüttet, denn das schenkt ihm die Kraft, die er für seine Operation braucht. Und natürlich wünschen Sie sich, dass alles gut ausgeht.

Jeder kann dieses Gebet sprechen, wobei ich weiß, dass es andere Gebete gibt, die auf der ganzen Welt gesprochen werden, einschließlich des »Gebets deiner Heilengel«, das am Anfang dieses Buches steht. Es ist ein machtvolles Gebet. Wenn jemand operiert wird, egal um was für eine Operation es sich handelt, sollten wir stets viele Gebete sprechen. Jedes Gebet zählt.

### Gebet für die Herzoperation meines Kindes

*Lieber Gott,*

*Du hältst mein geliebtes Kind in Deinen Händen.*

*Es ist so klein.*

*Es muss am Herzen operiert werden, und ich*
*brauche Dich, mein Gott.*

*Wiege es nah bei Deinem Herzen,*

*erfülle es mit Deiner heilenden Gnade.*

*Gott, mein Kleines ist in Deinen Händen.*

*Sende Dein heilendes Licht, Deine Liebe, mein Gott,*

*Damit mein kleines Kind stark wird.*

*Darum bitte ich Dich, mein Gott.*

*Amen.*

Ob eine Mutter oder ein Vater dieses Gebet spricht – die Eltern wissen, dass alles in Gottes Hand liegt. Es ist ihr inniger Wunsch, dass ihr Kind heranwächst und all die normalen Dinge tun kann, die jedes andere gesunde Kind tut.

So viele Eltern auf der ganzen Welt bitten mich darum, ein Gebet für ihr Kind zu schreiben, das am Herzen operiert wird. Dieses hier ist nur eines von vielen Gebeten, die man sprechen kann.

**Gebet für die Operation meines Kindes**
*Lieber Gott,*
*unter Tränen flehe ich Dich an,*
*mein Gott, die Operation meines Kindes erfolgreich*
    *verlaufen zu lassen.*
*Das Leben meines Kindes liegt in Deinen Händen,*
    *mein Gott.*
*Ich verspreche Dir, mein Gott, und all den Engeln*
    *des Himmels,*
*dass ich die bestmögliche Mutter/der bestmögliche*
    *Vater sein werde.*
*Ich werde Dich nicht enttäuschen, mein Gott.*
*Amen.*

Dieses Gebet zeigt, wie Eltern ihr Herz für Gott öffnen im Wissen, dass das Leben ihres Kindes in Gottes Hand liegt und nicht nur in den Händen der Ärzte und Chirurgen. Es braucht dazu das Vertrauen und den Glauben, dass die Operation gut verlaufen wird und ihr Kind die Chance hat zu leben, und sie müssen das Feuer der Hoffnung am Brennen halten, dass ihr Kind Gesundheit und Stärke zurückgewinnt und sie es wieder lachen hören und spielen sehen werden. Sie wollen sehen, wie es zu einem Teenager heranwächst, wie es sich zu einem jungen Erwachsenen entwickelt, vielleicht sogar zu einer Mutter oder einem Vater. Die Eltern bitten letztlich Gott um eine Zukunft für ihr Kind.

Wenn ein Kind sehr krank ist, erleben alle Eltern und Familien die allerschlimmste Zeit. Für diejenigen, die noch nie ein krankes Kind hatten, ist es unvorstellbar, ein Kind leiden zu sehen. Die Eltern fühlen sich so hilflos und wünschen sich, dass sie anstelle des Kindes leiden könnten, dass Gott die Krankheit auf sie überträgt, damit ihr Kind nicht länger leiden muss. In jedem Gebet bitten Eltern darum.

Viele Eltern sagen zu mir: »Wo ist Gott, wenn ein Kind so leiden muss?«

Ich habe keine Antwort darauf. Ich glaube auch nicht, dass es eine Antwort darauf gibt, mit der wir uns gern zufriedengeben würden. Unsere menschlichen Körper sind einfach nicht perfekt.

Warum wählt sich eine kleine Seele seine Eltern aus und kommt den ganzen Weg aus dem Himmel, um empfangen zu werden, wenn sie doch die ganze Zeit weiß, dass das Kind eine bestimmte Krankheit haben wird, die große Schmerzen und Leid erzeugt, und es womöglich bald sterben wird?

Diese Seelen wissen bereits vor ihrer Empfängnis, wie lange sie auf der Erde bleiben werden und wann sie nach Hause in den Himmel kommen bzw. ob sie wieder genesen und erwachsen werden, um eine eigene Familie zu gründen. Trotzdem beschließen sie, geboren zu werden, und wählen sich ihre Eltern, ihre Mutter und ihren Vater, aus und lieben sie bedingungslos. Sie wissen, dass diese sie lieben und sich um sie kümmern. Sie haben sich diese Eltern ausgesucht. Diese kleinen Babys schenken ihren Eltern, ihrer Familie und all den Menschen in ihrem Umfeld sehr viel Liebe.

Hier sind ein paar weitere Gebete, die mir eingegeben wurden. Sie sind sehr einfach, sodass jeder sie sprechen kann. Ich hoffe, Sie werden es tun.

**Gebet, um schwanger zu werden**
*Lieber Gott,*
*versammle Deine besonderen Engel,*
*denn ich beginne, die Hoffnung zu verlieren,*
*dass ich ein Kind bekommen werde.*
*Ich bete zu Dir, mein Gott.*
*Ich bitte meinen Schutzengel, für mich mit Dir zu sprechen.*
*Ich vertraue darauf, und ich glaube daran, dass Du mein Gebet erhören wirst.*
*Gott, versammle Deine Engel,*
*führe sie und eine kleine Seele, die zu mir kommt.*
*Erlaube mir, schwanger zu werden.*

*Ich bitte Dich inständig darum, mein Gott, sowie all*
*Deine Engel.*
*Amen.*

Wann immer ein Paar auf der Welt Schwierigkeiten hat, ein Kind zu empfangen, kann es in dieser Weise zu Gott und den Engeln beten, ihnen eine Seele, ein kleines Baby zu schicken. Das Paar möchte ein Kind in den Armen halten. Es möchte Mutter und Vater sein. Es gibt viele Paare auf der ganzen Welt, die ungewollt kinderlos bleiben. Das habe ich in meinem Buch *Himmelspfade* vorhergesagt. Die Engel haben mir dies für die Zukunft gezeigt, und mittlerweile hat es sich zu einer regelrechten Krise entwickelt. Dieses Gebet entstand, weil ein Paar in seinem Herzen verzweifelt war und Gott darum bat, Gott möge Seine Engel versammeln, um ihnen die Seele eines kleinen Babys zuzuführen.

Dieses Gebet zeigt eine Mutter, die ihr Baby im Bauch tragen und spüren möchte, wie es wächst und strampelt, die eine Schwangerschaft mit allen Höhen und Tiefen durchmachen und die ihr eigenes Kind zur Welt bringen möchte. Der Vater wünscht sich dasselbe, aber auf eine andere Weise; er möchte seine Partnerin während der Schwangerschaft helfend begleiten und bei der Geburt da sein und ihre Hand halten. Er möchte sein Kind zum ersten Mal in den Armen halten und dem kleinen Baby, das Gott schickt, so viel Liebe schenken, wie er kann. Er will es behüten und lieben. Vor allem möchten beide Partner die bestmöglichen Eltern sein und ihrem Kind all ihre Liebe schenken.

### Gebet zu Maria um eine sichere Geburt

*Gegrüßet seist Du, Maria voll der Gnade,*
*ich flehe Dich an, erhöre mein Gebet,*
*gieße Deine liebende Gnade über mir aus,*
*denn ich bin mit einem Kind.*
*Heilige Maria, meine Mutter, behüte mein Baby.*
*Lass mein Kind sicher geboren werden,*
*genauso wie Dein Sohn, Jesus, geboren wurde.*
*Maria, meine Mutter.*
*Ich liebe Dich.*
*Amen.*

Dieses Gebet stammt von einer Frau, die bald Mutter sein wird. So sehr sie sich über das Kind freut, das in ihr wächst, so hat sie doch auch Angst, es könnte etwas passieren. Diese werdende Mutter bittet unsere Königin, Mutter Maria, ihr Kind zu behüten und ihre Gnade über sie zu gießen.

Sie erinnert sich an die Geschichte von Maria und Josef, als Maria mit dem Jesuskind schwanger war, und an das Glück und die Freude, die Maria empfand, genauso wie diese Mutter sie empfindet, aber ebenso an die Unsicherheit und Angst, dass etwas passieren könnte. Es ist ein wunderschönes Gebet.

### Gebet bei Schmerzen

*Lieber Gott,*

*ich danke Dir für alles, was Du mir in diesem Leben
geschenkt hast,*

*aber ich habe solche Schmerzen. Nun bitte ich
Dich,*

*Gott, mir Deine Heilengel zu schicken, um meine
Schmerzen zu lindern.*

*Danke, mein Gott.*

*Amen.*

Dies ist ein allgemeines Gebet von jemandem, der
unter ständigen körperlichen Schmerzen leidet, die
nicht fortgehen. Es ist ein Gebet, nach dem ich häufig gefragt werde. Im Laufe der Jahre haben mir viele
Menschen erzählt – Männer und Frauen, Jung und
Alt und sogar Kinder –, dass sie aus dem einen oder
anderen Grund chronische Schmerzen haben. Manche von ihnen haben seit vielen Jahren Schmerzen,
vielleicht sogar schon das ganze Leben lang, andere
leiden seit kürzerer Zeit darunter.

Wenn wir älter werden, empfindet unser Körper
häufig mehr Schmerzen. Ich bitte Gott stets darum,
die Schmerzen von Menschen zu lindern, vor allem
wenn sie bereits älter sind.

## Gebet bei Arthritis

*Mein liebster Schutzengel,*
*bitte halte Fürbitte bei Gott und all seinen Engeln*
*wegen meiner Schmerzen.*
*Ich danke Gott für das wunderbare Leben, das Er*
    *mir geschenkt hat.*
*Bitte, mein Schutzengel,*
*ich bitte um ein Wunder, damit meine Arthritis nicht*
    *so schmerzhaft ist.*
*Danke.*
*Amen.*

Viele Menschen auf der Welt bitten mich aufgrund ihrer Arthritisschmerzen darum, für sie zu beten. Manchmal unterschätzen wir solche Schmerzen. Mit diesem Gebet bitten Sie Ihren Schutzengel, Gott für Sie um ein Wunder zu ersuchen, selbst wenn es die Schmerzen Ihrer Arthritis lediglich lindern sollte. Es ist eine schreckliche Erkrankung. Bitten Sie Gott stets um ein Wunder, aber tun Sie selbst, was Sie können, um Ihren Körper so gesund wie möglich zu halten.

## Gebet, damit ich wieder laufen kann

*Lieber Gott,*
*gieße Deine Gnade der Hoffnung über mir aus.*
*Hilf mir, wieder zu laufen.*
*Lege Deine heilenden Hände auf meinen Kopf, mein*
    *Gott.*

*Flöße mir die Kraft ein,*
*wieder laufen zu können, mein Gott.*
*Weise Deine Engel an, mich dabei zu unterstützen,*
*nicht aufzugeben.*
*Lass sie an meiner Seite sein, damit sie mir beim*
*Gehen helfen.*
*Ich danke Dir, Gott, für alles.*
*Amen.*

Ich bin vielen Menschen begegnet, die aufgrund eines Autounfalls oder manchmal wegen einer Erkrankung im Rollstuhl gelandet sind. Sie brauchen viel Kraft und Trost. Mit diesem Gebet bitten sie Gott darum, ihnen diese Kraft zu verleihen, sodass sie wieder gehen können, falls das möglich ist. Ich weiß, dass das manchmal nicht möglich ist, weil die Verletzungen zu groß sind. Und selbst wenn sie nicht ganz so schlimm sind, erfordert es dennoch sehr viel Kraft, und es ist ein großer Kampf.

Manche Menschen in dieser Situation können einen Fuß vor den anderen setzen, aber in der Regel ist das sehr schmerzhaft, und es verlangt einem Menschen enorm viel Energie ab, einen Punkt zu erreichen, an dem er wieder laufen kann. Doch ich kenne viele Menschen, die danach wieder laufen konnten. Geben Sie also nicht auf. Bitten Sie Gott und Ihren Schutzengel darum, Ihnen zu helfen. Ich bitte stets um Wunder, damit Menschen wieder laufen können. Es ist etwas, worum ich bei einer Segnung in jedem

Fall bitte, aber der Betroffene muss selbst körperlich sehr intensiv trainieren und auch eine große geistige Arbeit leisten.

**Schlafgebet**
*Mein Schutzengel,*
*bevor ich einschlafe,*
*beschütze und behüte mich mit deinen Flügeln.*
*Nimm mich fest in deine Arme.*
*Lass meine Seele Gott loben und Ihm danken,*
*während ich schlafe.*
*Amen.*

Dies ist ein Gebet, das ich selbst spreche. Der Engel Amen hat es mir beigebracht, als er mit mir in Old Kilmainham auf meinem Bett saß. Wir waren da zu Hause, und mein Vater hatte seinen alten Dubliner Fahrradladen dort. Nun ja, es war eigentlich kein richtiger Laden. Ich denke, mein Vater hat einfach Fahrräder repariert. Ich habe dieses Gebet seitdem immer wieder gesprochen. Für mich ist es ein ganz besonderes Gebet.

In diesem Gebet bitte ich meinen Schutzengel darum, meine Seele weiterbeten zu lassen, während mein menschlicher Körper schläft. Als Kind pries ich alles, was an diesem Tag geschehen war, und bedankte mich dafür, aber das hat sich geändert. Mittlerweile preise ich alles, vom Moment meiner Geburt bis zum heutigen Tag, und bedanke mich dafür. Ich bedanke mich nicht nur für mich selbst, sondern für uns alle auf der Welt.

# Kapitel 11

## Unsere Liebe Frau, Maria, und weitere Gebete

**Gebet für die Gebetsrolle**

*Erzengel Michael,*
*ich halte die Gebetsrolle in meiner Hand.*
*Erzengel Michael,*
*nimm meine Seele, führe mich zum Himmelsthron.*
*Gott, mein Vater, ich knie mit ausgestreckter Hand*
*    vor Dir.*
*Lass die Heilung beginnen, auf welche Weise Du,*
*    mein Gott, mein himmlischer Vater, sie auch*
*    immer gewähren magst,*
*ich flehe Dich im Namen all Deiner Kinder auf der*
*    Gebetsrolle an.*
*Bitte, mein Herr und mein Gott, hilf ihnen.*
*Amen.*

Dies ist ein Gebet, das ich mit Ihnen teilen darf. Ich kann jedoch nicht alle seine Worte verraten, nicht alles, was ich zu Gott sage, wenn ich ihm die Gebetsrolle bringe und vor Seinen Füßen knie.

Fast jeden Tag spreche ich beim Erzengel Michael vor. Aber falls ich es an einem Tag einmal vergesse, kommt der Erzengel Michael trotzdem und nimmt meine Seele mit in den Himmel. Wir gehen Hand in Hand auf den Thron Gottes zu. Die ganze Zeit halte ich die Gebetsrolle in meiner rechten Hand, und der Erzengel Michael hält mich an meiner linken Hand.

Noch einmal, ich bin wieder ein Kind und suche aufgeregt und voller Vorfreude meinen Vater auf. Meine Seele kann nicht ruhig bleiben. Ich finde keine Worte, um es zu erklären, aber von dem Moment an, in dem der Erzengel Michael meine Seele in den Himmel bringt, spüre ich die überwältigende Liebe Gottes. Obwohl der Erzengel Michael mich bei der Hand hält, möchte ich wegrennen und mich verstecken, weil Gottes Liebe so rein ist und – ich weiß nicht, wie ich es ausdrücken soll – mir den Atem raubt.

Ich knie zu Füßen Gottes nieder und strecke meine Hand aus, während ich zu Ihm spreche. Gott streckt Seine Hand aus, nimmt die Gebetsrolle entgegen und öffnet sie. Sie scheint immer sehr lang zu sein, unendlich, und Gott lächelt mich an. Ich kann Ihnen nicht mitteilen, worüber wir sprechen, zumindest jetzt noch nicht. Vielleicht kann ich eines Tages mehr von dem Gebet verraten, das ich zu Gott spreche.

**Gebet zu unserer himmlischen Mutter**

*Maria, meine Königinmutter im Himmel, sei an*
*meiner Seite,*
*beschütze mich mit Deiner Gnade aus liebendem*
*Licht,*
*führe und behüte mich stets.*
*Maria, meine Mutter, ich liebe Dich.*
*Amen.*

Dies ist ein wunderschönes kurzes Gebet zu Unserer Lieben Frau, Ihrer und meiner Mutter und der Mutter Unseres Herrn, Jesus Christus, mit dem wir um Schutz und Führung bitten. Es erinnert unsere Königinmutter Maria, Unsere Liebe Frau daran, dass wir sie lieben.

**Gebet zu Maria um Frieden auf der Welt**

*Gegrüßet seist Du, Maria, Himmelskönigin,*
*Mutter, Königin der gesamten Menschheit.*
*Ich bitte Dich inständig, Dich bei Deinem Sohn,*
*unserem Herrn, Jesus Christus,*
*für die Menschheit einzusetzen, für den Frieden auf*
*der Welt.*
*Maria, meine Mutter.*
*Ich liebe Dich.*
*Amen.*

Dies ist ein weiteres Gebet zu Unserer Lieben Frau, der Himmelskönigin, der Königin der gesamten Menschheit, mit dem wir sie bitten, sich bei ihrem Sohn, Unserem Herrn Jesus Christus, für uns alle einzusetzen. Egal, was uns voneinander unterscheidet oder woran wir glauben, wir bitten Unsere Liebe Frau, die Mutter Gottes, ihren Sohn darum zu ersuchen, uns allen zu helfen, Frieden in die Welt zu bringen. Es ist ein einfaches, kurzes Gebet, das sich leicht sprechen lässt.

### Gebet zu Maria um Führung

*Gegrüßet seist Du, Maria, Mutter Gottes,*
*Königin der Engel,*
*Königin der Menschheit,*
*Maria, unsere himmlische Mutter,*
*Mentorin all Deiner Kinder.*
*Beschütze uns und führe uns auf unserer*
*Lebensreise.*
*Maria, Mutter Jesu.*
*Ich liebe Dich.*
*Amen.*

Dieses Gebet erinnert uns daran, wer Maria ist. Viele von uns haben es vergessen, doch wir alle brauchen ihre Hilfe allein aufgrund dessen, wer sie ist. Sie ist die Königinmutter, Ihre Mutter, meine Mutter, Königin all der Engel, die Königin der Menschheit. Vor allem ist sie die Mutter Unseres Herrn Jesus Christus, und sie ist ein großartiges Vorbild und eine Mentorin für alle von uns. Wir bitten sie um Schutz und Führung auf unserer Lebensreise.

### Gebet zu Maria um Ermutigung

*Gegrüßet seist Du, Maria,*
*Mutter unseres Herrn Jesus Christus,*
*Du schickst uns allen Botschaften,*
*stets zu beten,*
*aber wir hören nicht auf Dich.*
*Maria, Königinmutter des Himmels, hilf uns, mehr*
*zu beten.*
*Maria, Mutter Jesu,*
*ich liebe Dich.*
*Amen.*

Unsere Liebe Frau fordert die Welt immer wieder auf zu beten. Sie macht uns darauf aufmerksam, wie wichtig das Gebet ist und dass wir jeden Tag für uns selbst und unsere Familie beten sollten. Tatsächlich sollten wir für jeden auf der Welt beten, dafür, dass sich Frieden bei uns allen einstellen möge, aber leider hören viele von uns nicht auf diese Botschaft. Wir ignorieren sie, weil wir in unserem eigenen Leben so stark mit uns selbst beschäftigt sind, dass wir das Gefühl haben, wir hätten keine Zeit zu beten.

Ein Gebet dauert nur einen Moment lang. Sie können es während Ihrer Mittagspause in der Arbeit sprechen. Selbst wenn Sie an einem Tisch sitzen oder spazieren gehen, können Sie ein schnelles Gebet sprechen. Egal, was Sie tun oder was in Ihrem Leben geschieht, Sie haben immer Zeit zu beten. Wir sollten füreinander beten. Wir sollten dafür beten, dass sich unsere Welt für uns alle verändert. Unabhängig von der Religionszugehörigkeit oder sonstigen Unterschieden sollten wir alle füreinander beten, um diese Welt in einen besseren Ort zu verwandeln.

Unsere Liebe Frau hat uns alle dazu angehalten zu beten, daher möchte ich Ihnen nun ans Herz legen – bitte beten Sie.

### Gebet um Frieden

*Mein liebster Schutzengel,*
*ich danke Gott für alles in meinem Leben,*
*aber seit Langem hatte ich keinen Frieden mehr.*
*Ich bin nun bereit dafür, still und ruhig zu sein, um*
    *Gott zuzuhören,*
*um Frieden zu haben,*
*um mir jetzt Zeit zu nehmen und für ein paar*
    *Minuten still zu sein.*
*Danke, dass du mir hilfst, Frieden zu finden.*
*Amen.*

Dieses Gebet hat zu verschiedenen Zeiten in unserem Leben eine Bedeutung. Wir alle möchten Frieden haben. Aber manchmal fällt es auch mir schwer, diese Worte überhaupt zu verstehen. Als Gott dieses Gebet an mich weitergegeben hat, sagte Er nicht, es sei ein Gebet für innere Ruhe oder für Frieden innerhalb der Familie oder innerhalb eines Landes. Er sagte lediglich, bei diesem Gebet gehe es darum, Frieden zu haben, daher kann ich die Worte nicht verändern. Ich nehme an, jemand, der dieses Gebet spricht, wird wissen, was diese drei Worte für ihn persönlich bedeuten. Ich nehme an, dass dieses Gebet für jeden Menschen ganz individuell seine Besonderheit entfaltet. Vergessen Sie nicht, still zu sein und sich diese paar Minuten Zeit zu nehmen, um zur Ruhe zu kommen und sich zu erlauben, Frieden zu haben.

### Gebet um Wahrheit

*Mein liebster Schutzengel,*
*bitte ersuche Gott, mir zu verzeihen,*
*denn es fällt mir sehr schwer, aufrichtig zu sein.*
*Es ist leichter zu lügen, als die Wahrheit zu sagen.*
*Meine Lügen verletzen andere und mich selbst.*
*Offenbar ziehe ich nie eine Lehre daraus.*
*Bitte ersuche Gott, mir zu helfen, auf dich zu hören,*
*    mein Schutzengel.*
*Hilf mir, still und ruhig zu sein.*
*Amen.*

Wenn möglich, nehmen Sie sich nun einen Moment Zeit und seien Sie still.

> *Gott, ich weiß, dass ich jetzt bereit bin. Ich höre zu.*
> *Nun halte ich inne und höre meinen Schutzengel,*
>     *und ich lüge nicht.*
> *Danke für Deine Hilfe.*
> *Amen.*

Manchmal müssen wir uns Zeit nehmen, um über ein Gebet, das wir sprechen, nachzudenken. Ein Gebet hat eine große Kraft. Es ist eine der stärksten Kräfte auf der Welt, so wie die Liebe, aber es empfiehlt sich zu lernen, wie wir unseren Geist und unseren Körper von einem Gebet durchdringen lassen, sodass wir uns tief mit dem Gebet verbinden, aufmerksam sind und zuhören. Wenn wir beim Beten sind und wahrnehmen, dass unsere Seele zum Vorschein kommt, kann sie in unseren Körper zurückkehren und das Gebet mit sich nehmen. Sie kann dann erneut hervorkommen und das Gebet zum Vorschein bringen.

Oft habe ich darum gebeten, dass dies geschehen möge, damit ich mehr von meiner Seele in das Gebet legen kann, um es zu verstärken. Ich tue das ohne Worte, aber es könnte hilfreich für Sie sein, Gott darum zu bitten. In der Regel mache ich das, wenn ich aufgrund all der schlimmen Dinge, die auf der Welt passieren, den Tränen nahe bin, vor allem wenn ich sehe, dass wir uns nicht in die richtige Richtung bewegen. Das hilft uns, den rechten Pfad einzuschlagen. Es verleiht mir große Hoffnung. Wenn Sie das tun, betet Ihr gesamtes Wesen, nicht nur Ihre Seele.

Lassen Sie zu, dass das Gebet Ihre Seele berührt. Beten Sie mit jedem Teil Ihres Wesens. Dieses Gebet hilft Ihnen, nicht zu lügen und stattdessen die Wahrheit zu sagen, denn wir alle finden es manchmal leichter zu lügen, obwohl es das Leben komplizierter macht und letztlich Probleme erzeugt.

Die Wahrheit zu sagen macht das Leben einfacher. Und es macht Sie glücklicher. Tun Sie stets Ihr Bestes, um auf Ihren Schutzengel zu hören. Ihr Schutzengel rät Ihnen, nicht zu sagen, was Sie denken. Wenn es falsch ist, wird Ihr Schutzengel Ihnen ein schlechtes Gewissen machen, und tief in Ihrem Inneren wissen Sie, dass Sie nicht aufrichtig waren. Ignorieren Sie Ihren Schutzengel nicht – hören Sie auf ihn.

### Gebet, um Gott zu folgen

*Gott,*
*ich verehre und liebe Dich.*
*Lass Deine Engel an meinen Seiten sein, vor mir und*
    *hinter mir,*
*um mich zu führen, damit ich Dir folge, Gott,*
*mit Güte und Liebe in meinem Herzen zu jeder Zeit.*
*Dein strahlendes Licht leuchtet vor mir.*
*Ich liebe Dich und verehre Dich, mein Gott.*
*Amen.*

Dies ist ein kleines Gebet für mich selbst. Die Gebets-engel sprechen dieses Gebet hin und wieder mit mir. Ich wiederhole die Worte, die sie sagen, und manch-mal sprechen wir das Gebet rhythmisch.

Dieses Gebet erlaubt mir, Gott mitzuteilen, dass ich Ihn liebe und verehre. Zudem bitte ich Ihn darum, mir Seine Engel stets zur Seite zu stellen. Von Zeit zu Zeit verändern sich die Worte ein wenig. Ich glaube, es liegt daran, was in der Welt geschieht.

**Gebet zu Gott, um mich zu befreien**
*Mein Gott,*
*Du bist meine Zuflucht, meine Kraft, und ohne Dich*
  *kann ich nichts tun.*
*Gott, befreie mich von all den Versuchungen, die*
  *mich jeden Tag umgeben.*
*Gieße Deine Engel aus den Lüften herab.*
*Umgib mich mit Deinem Licht.*
*Mein Gott, lass das Licht Deiner Liebe*
*all die Ketten der Versuchung auflösen.*
*Mein Gott, schenke mir die Freiheit mit Deiner*
  *Liebe, Deinem Frieden, Deiner Hoffnung und*
  *Deinem Mitgefühl.*
*Amen.*

Mit diesem Gebet bitten wir Gott darum, uns von den Ketten alles Negativen in unserem Leben zu befreien, von all den Versuchungen, die wir gewiss nicht wollen. Es kann sich um etwas so Einfaches handeln, wie sich eifersüchtig zu verhalten oder schlecht über einen anderen Menschen zu sprechen. Wir alle sollten dieses Gebet in unserem Leben von Zeit zu Zeit sprechen, damit wir frei werden und Frieden und Hoffnung uns erfüllen, die durch Gottes Liebe und Mitgefühl entstehen. Denn wenn wir befreit sind und alles Negative loslassen, werden wir innerlich Frieden finden.

Wir haben keine Angst mehr, weil wir wissen, dass Gottes Liebe unmittelbar bei uns ist und all Seine Engel ebenfalls. Diese Freiheit muss jeder Einzelne von uns für sich selbst entdecken, und zu unterschiedlichen Zeiten im Leben werden wir diese Freiheit spüren. Es ist ein wunderschönes Gebet.

**Gebet zum Erzengel Michael**

*Erzengel Michael,*
*ich bitte dich inständig, Gott dazu anzuhalten,*
*die Herzen aller Menschen auf der Welt*
*von deinem mächtigen Schwert durchdringen zu*
    *lassen, Erzengel Michael,*
*uns Wohlwollen allen anderen Menschen*
    *gegenüber zu schenken.*
*Möge die Spitze deines Schwerts Hass, Wut und*
    *Rache verfliegen lassen.*
*Möge das Wohlwollen auf unserer Welt gedeihen.*
*Mögen alle Herzen von Liebe und Frieden erfüllt*
    *sein.*

*Danke, Erzengel Michael. Danke, mein Gott.*
*Amen.*

Mit diesem Gebet wenden wir uns über den Erzengel Michael an Gott. Der Erzengel Michael ist ein extrem mächtiger Engel. Er befindet sich am Thron Gottes, und dennoch ist er gleichzeitig bei jedem Einzelnen von uns, wenn wir ihn anrufen. Der Erzengel Michael hat mich aufgefordert, Ihnen dieses besondere Gebet zu vermitteln. Ich habe es gemeinsam mit ihm bei verschiedenen Gelegenheiten gesprochen, und voller Hoffnung empfehle ich auch Ihnen, dieses Gebet zu sprechen, damit Sie – wenn der Erzengel Michael Ihr Herz mit der Spitze seines Schwertes durchdringt – Wohlwollen gegenüber der Menschheit und den Menschen in Ihrem Umfeld empfinden und jeglichen Hass, Zorn und den Wunsch nach Rache verlieren.

Der Erzengel Michael bemüht sich sehr darum, uns stets zu beschützen. Er hat mir dieses Gebet geschenkt und fordert Sie auf, es zu sprechen, aber es ist nicht für den Erzengel Michael gedacht. Es ist für Sie bestimmt, für alle von uns, wenn jeder Einzelne von uns nur akzeptieren würde, dass der Erzengel Michael unsere Herzen mit seinem Schwert durchdringt und uns mit Liebe und Hoffnung erfüllt. Der Erzengel Michael zeigt uns, dass wir eine friedliche und wunderbare Welt haben und in Harmonie miteinander leben können. Wenn Sie dieses Gebet sprechen, spricht der Erzengel Michael es gemeinsam mit Ihnen.

### Gebet, um Gott näherzukommen

*Lieber Gott,*
*ich bitte Dich um Deine göttliche Hilfe.*
*Ich sehne mich danach, Dir näherzukommen.*
*Lass meine Seele hell strahlen, da sie sich*
*danach sehnt,*
*Dir näherzukommen, mein Gott.*
*Lass Dich, mein Gott, stets in meinen Gedanken sein.*
*Lass mich Dich loben und Dir in jedem Moment*
*meines Lebens danken.*
*Erlaube mir, Dir näherzukommen, mein Gott,*
*denn meine Seele und mein Herz sehnen sich*
*danach.*
*Ich liebe Dich, mein Gott.*
*Amen.*

Dieses Gebet ist einer der mächtigsten Wege, um Gott näherzukommen. Wenn Sie es sprechen, können Sie die Liebe spüren, die in Ihrer Seele und in Ihrem Herzen vorhanden ist. Je mehr Sie beten, desto friedvoller und glücklicher werden Sie sich fühlen, weil Sie in Verbindung mit Gott kommen. Sie erlauben Ihrer Seele zu leuchten und hell zu strahlen. Nehmen Sie die Reinheit Ihrer Liebe wahr, während sich Ihre Seele Gott nähert.

**Gebet um Vergebung für diejenigen, die mich verletzt haben**

*Lieber Gott,*

*bitte vergib denen, die mich verletzt haben,*

*weil ich ihnen vergebe.*

*Amen.*


Dieses Gebet spreche ich seit meiner Kindheit. Vielleicht werde ich Ihnen eines Tages die ganze Geschichte erzählen, aber nicht heute. Mit diesem kleinen Gebet öffnen Sie Ihr Herz und senden der Person, die Sie verletzt hat, Liebe, weil Sie ihr vergeben haben. Es sind machtvolle Worte. Sie bitten Gott, denen zu vergeben, die Sie verletzt haben, weil Sie ihnen vergeben haben. Ich spreche dieses Gebet jeden Tag. Vielleicht fragen Sie sich, weshalb, aber ich mache es, weil Gott mich angewiesen hat, es zu tun.

Obwohl dies ein kurzes Gebet ist, hat es eine sehr große Kraft.

# Kapitel 12

## Gottes Glaube an Sie

**Befreiungsgebet**

*Lieber Gott,*

*lass Deine Erzengel mich mit ihren Schilden*
*umgeben.*

*Lass Deine Engel die Ketten sprengen, die mich am*
*Boden halten.*

*Lass mich das Licht auf den Schilden Deiner*
*Erzengel schimmern sehen*

*und das Rasseln der Ketten hören, die von mir*
*abfallen.*

*Lass mich nach vorn auf das Licht zueilen,*

*in dem Wissen, dass ich nun frei bin, um mein Leben*
*zu leben,*

*das Du mir geschenkt hast, mein Gott,*

*denn ich hätte es nicht ohne Dich tun können.*

*Danke. Ich liebe Dich, mein Gott.*

*Amen.*

Dies ist ein weiteres Gebet, in dem es darum geht, sich in Bezug auf jeden Lebensaspekt zu befreien – alles, was Sie niedergedrückt hält und was Sie daran hindert, Ihr Leben wirklich zu leben – und sich weiterzuentwickeln. Dazu brauchen Sie die Hilfe der Engel, und die Erzengel müssen Sie mit ihren Schilden umgeben, sodass Sie das Licht darauf erkennen können. Sie sollten sich bewusst machen, dass dies nicht ohne Gottes Hilfe möglich wäre, da es all Ihre Kraft, Ihren Mut und Ihre Zuversicht erfordert. Sie haben auf Ihren Schutzengel und auf Ihre Freunde gehört, die dazu angehalten wurden, Ihnen Mut und Zuversicht zu schenken. Ihre Freunde haben ihrerseits darauf gehört und helfen Ihnen so, sich zu befreien.

Wir benötigen stets Hilfe, um uns zu verschiedenen Zeiten in unserem Leben zu befreien. Manchmal lassen wir uns einsperren, weil wir so viel Angst vor dem Leben haben. Doch wir sollten keine Angst haben, da das Leben wunderschön ist.

In diesem Gebet rufen Sie Gott mit Seinen Erzengeln und all den Engeln an, Sie zu befreien, aber Sie müssen es auch selbst tun. Wenn Sie spüren, dass Ketten Sie am Boden halten, sollten Sie dieses Gebet sprechen.

**Gebet für Situationen, die ich nicht allein bewältigen kann**

*Lieber Gott,*

*ich danke Dir für mein Leben, Gott.*

*Ich kann nicht alles allein bewältigen.*

*Ich muss die Gewissheit haben, mein Gott,*

*dass mein Schutzengel da ist.*

*Gewähre mir ein Zeichen, mein Gott, egal wie klein*
*    es sein mag.*

*Ich liebe Dich, mein Gott.*

*Amen.*

Wir können nicht mit allem allein fertigwerden. Darum bitten wir Gott, er möge uns zeigen, dass wir einen Schutzengel haben, der ständig bei uns ist.

Gott und die Engel, Ihr Schutzengel und Ihre Angehörigen, die nach Hause in den Himmel zurückgekehrt sind, schicken Ihnen jeden Tag Hilfe. Manchmal fällt es uns schwer, um Hilfe zu bitten oder sie anzunehmen, wenn sie uns angeboten wird. Wir alle sollten uns gegenseitig öfter Hilfe anbieten, damit niemand das Gefühl hat, er müsse alles allein machen.

In diesem Gebet erinnern Sie Gott daran, dass Sie nicht alles allein schaffen können. Als Jesus auf der Erde war, hat er auch nicht alles allein gemacht. Er hatte die Apostel, Seine Mutter und Seinen Vater, all Seine Freunde und all die Menschen, die kamen, um ihn zu sehen. Natürlich war er von den Engeln sowie Seinem eigenen Schutzengel umgeben.

**Gebet mit der Bitte um Hilfe, wenn ich niedergeschlagen bin**

*Mein Schutzengel,*

*wenn ich aus irgendeinem Grund niedergeschlagen
bin,*

*spreche ich mit dir, mein Schutzengel,*

*so wie mit einem engen Freund.*

*Wenn ich das tue, höre ich, wie mein Engel mich
beruhigt und führt.*

*Danke, Schutzengel, dass du dir meine Sorgen
anhörst.*

*Amen.*

Mit Ihrem Schutzengel zu sprechen sollte für Sie so selbstverständlich sein, als würden Sie sich mit einem Freund unterhalten. Sie können Ihrem Schutzengel all Ihre Sorgen und Geheimnisse anvertrauen. Das sollten Sie jeden Tag tun, und genau darum geht es in diesem Gebet. Es erinnert Sie daran, dass Ihr Schutzengel Ihr bester Freund ist. Er ist sogar mehr als das, weil er mit Ihnen auf eine Weise verbunden ist, wie ein Mensch es nie sein könnte. Ihr Schutzengel möchte, dass Sie mit ihm reden, ihm Ihre Geheimnisse anvertrauen, Ihre Probleme und Sorgen – einfach alles, was Sie beschäftigt. Er verurteilt Sie in keiner Weise.

Ihr Schutzengel wird Ihnen antworten, indem er Ihnen hilft zu spüren, dass Ihnen eine große Last von den Schultern genommen wurde und wie wundervoll sich das anfühlt. In diesem Moment beginnen Sie wahrzunehmen, wie Ihr Schutzengel Sie bestärkt und dicht bei Ihnen ist. Sie wissen, dass Sie nicht allein sind. Und Sie verstehen jetzt die Führung, die Ihr Schutzengel Ihnen schenkt.

Ihr Schutzengel kann Ihnen auf zweierlei Weise helfen: indem er die Last auf Ihren Schultern verringert und indem er Ihnen Ratschläge erteilt.

Dieses Gebet ist ganz wunderbar. Sie können es sogar sprechen, wenn Sie im Bus, im Taxi oder in einem Flugzeug sitzen. Reden Sie einfach in Gedanken mit Ihrem Schutzengel, als säße er auf dem Sitz neben oder vor Ihnen. Vertrauen Sie ihm alles an.

### Dankgebet für alle Segnungen

*Lieber Gott,*
*danke für all die Segnungen, die Du mir geschenkt*
  *hast, mein Gott.*
*Den Segen, eine Seele zu haben, diesen Funken*
  *Deines Lichts,*
*den Segen, einen Schutzengel für die Ewigkeit zu*
  *haben,*
*der mich nie verlassen wird, nicht einmal für eine*
  *Sekunde,*
*den Segen des Friedens und der Liebe, die in mir*
  *wohnen,*
*den Segen meiner Familie, die Du mir geschenkt*
  *hast,*
*den Segen derjenigen, die Du als Freunde in mein*
  *Leben geschickt hast,*

*den Segen, harmonisch mit den Menschen in*
  *meinem Umfeld zu leben,*
*den Segen meiner Arbeit, meines Jobs,*
*den Segen all der materiellen Dinge, die ich in*
  *meinem Leben habe, große wie kleine,*
*den Segen dieser wunderbaren Welt und der Natur*
  *um mich herum.*
*Ich danke Dir, mein Gott, für all die Dinge, für die*
  *ich Dir zu danken vergesse,*
*und am meisten danke ich Dir dafür, mein Gott, dass*
  *Du mein Leben weiterhin segnest.*
*Amen.*

Dieses Gebet habe ich vor vielen Jahren niederge-schrieben. Es steht in meinem Buch *Eine Botschaft der Hoffnung*. Wir bedanken uns damit für alle Seg-nungen, die wir erfahren durften. Jedem Einzelnen von uns wird so viel Gutes im Leben zuteil, dass die-ses Gebet, hätte ich es weitergeschrieben, nicht in das Buch gepasst hätte, weil es so lang geworden wäre. Deshalb bedankt man sich am Ende des Ge-bets bei Gott für all das, was zu erwähnen man ver-gessen hat. Wenn Ihnen irgendetwas Zusätzliches in den Sinn kommt, während Sie dieses Gebet spre-chen, können Sie es ebenfalls erwähnen.

Sehen Sie sich einfach um, betrachten Sie jeden Tag Ihres Lebens, dann werden Sie all das Segens-reiche erkennen, das Sie in Ihrem Leben haben. Es gibt so vieles, was wir als selbstverständlich betrachten. Wir denken nicht einmal darüber nach, bis es uns weggenommen wird. Viele von uns erleben, dass uns etwas Segensreiches abrupt genommen wird.

Ein solcher Segen, der uns manchmal allmählich abhandenkommt, ist die Fähigkeit zu sehen. Bei vielen Menschen versagen die Augen, wenn sie älter werden. Manche verlieren ihr Augenlicht vollkommen. Erst wenn das Sehvermögen fort ist, erkennen wir, welch ein Segen es war, sehen zu können.

### Gebet für Freunde

*Gott,*
*ich danke Dir für die Freunde, die Du mir geschenkt hast.*
*Beschütze und behüte sie,*
*damit sie stets Freunde sind und wir uns nicht entzweien,*
*damit wir füreinander da und zugleich offen für neue Freunde sind.*
*Lass das Licht Deiner Engel stets im Umkreis meiner Freunde leuchten.*
*Danke, mein Gott.*
*Amen.*

Bei diesem kurzen Gebet geht es um die Wertschätzung von Freundschaften. Sie bitten Gott darum, dass es keinen Streit zwischen Ihnen und Ihren Freunden geben möge und dass Sie einfach füreinander da sind. Und dass Gott auch Ihren Freunden Schutz gewährt und sie mit dem Licht Seiner Engel umgibt. Wir sollten stets Gebete für unsere Freunde sprechen.

**Gebet, wenn Sie keine Freunde haben**

*Lieber Gott,*

*ich habe meinen Schutzengel gebeten, mir zu helfen, einen Freund zu finden.*

*Mein Schutzengel hilft mir,*

*aber ich bin sehr schüchtern, daher bitte ich Dich, mein Gott,*

*schicke mehr Engel vom Himmel, um mir Mut und Zuversicht zu verleihen.*

*Ich bin so einsam, ich brauche einen Freund.*

*Ich schaffe es nicht ohne Deine Hilfe.*

*Danke, mein Gott.*

*Amen.*

Hunderttausende Menschen auf der Welt, vielleicht Millionen, haben keine Freunde, nicht einmal einen. In der Regel sind sie sehr schüchtern und haben Angst davor, rauszugehen oder nur ein kurzes Gespräch zu führen, sogar davor, Hallo zu jemandem zu sagen. Manche schließen sich sogar in einem Zimmer ein – abgeschieden von der Welt.

Häufig höre ich von Eltern, dass sie sich große Sorgen um den Nachwuchs machen. Ich höre von der Mutter oder dem Vater, ihr Sohn oder ihre Tochter habe keinen einzigen Freund, weil er oder sie so schüchtern ist. Wenn das Kind aufgefordert wird, irgendwohin zu gehen, lehnt es das ab.

Dieses Gebet ist für jemanden, der diese Situation verändern möchte, der Gott und seinen Schutzengel darum bittet, ihm bei der Suche nach einem Freund zu helfen. Und weil es auch Mut für diesen Schritt braucht, ebenso wie den Glauben, dass es überhaupt möglich ist, bittet man in dem Gebet Gott darum, weitere Engel zu schicken.

Wenn Sie zu den Menschen gehören, die sich um einen Freund bemühen, werden Sie auch einen finden, weil es irgendwo jemanden gibt, der ebenfalls nach einem Freund sucht. Auch Eltern können dieses Gebet für ihr Kind sprechen.

**Gebet, um die Seelen zu retten**

*Jesus, Maria, ich liebe euch.*
*Rettet die Seelen.*
*Amen.*

Dieses Gebet haben die Engel mir beigebracht, als ich noch ein sehr kleines Kind war. Ich musste schmunzeln, als meine Großmutter dieses Gebet eines Tages in ihrem Gästehaus in Mount Shannon in der Grafschaft Clare für mich aufsagte, da ich bis zu diesem Zeitpunkt nicht gewusst hatte, dass irgendjemand sonst davon gehört hatte. Die Engel lächelten mir einfach zu.

Dieses Gebet steht in meinem Buch *Engel in meinem Haar*, aber dort wurde ein Wort hinzugefügt, das eigentlich nicht enthalten sein sollte. Solche Dinge können manchmal passieren. Daher hat der Engel Hosus mich angewiesen, das Gebet hier mit aufzunehmen.

Das Gebet soll die Seelen der Lebenden retten. Es soll das Einswerden von Körper und Seele fördern. Es geht nicht darum, die Seelen davor zu retten, in die Hölle zu kommen. Nein. Jenseits davon soll es uns alle als Menschheit davor bewahren, eine falsche Richtung einzuschlagen. Ich bin davon überzeugt, dass wir den richtigen Weg wählen können.

**Gebet, um Gottes Liebe anzunehmen**
*Lieber Gott,*
*ich möchte mich Deiner Liebe hingeben.*
*Lass Deine Liebe in mir wohnen, mein Gott,*
*lass Deine göttliche Präsenz in mir wachsen,*
*lass zu, dass Deine Gnade meinen Widerstand*
*   gegen Deine Liebe zerstört, mein Gott.*
*Berühre mein Herz, mein Gott, umgib mich mit*
*   Deinen Engeln.*
*Danke, mein Gott,*
*Amen.*

Dieses kurze Gebet spricht die Sehnsucht an, uns Gottes Liebe hinzugeben. Es geht darum zuzulassen, dass diese Liebe in unserem Inneren wohnt. Dazu müssen wir den Widerstand gegen Gottes Liebe auflösen, die stets in unserem Leben vorhanden war, auch wenn wir sie nicht immer gesehen haben. Doch nun sind wir älter geworden und möchten Gott, unserem Schutzengel und all Seinen Engeln näher kommen.

### Dankgebet zu Gott

*Mein himmlischer Vater,*
*danke, dass Du mein Vater bist, dass Du über mich*
*    wachst und mich beschützt,*
*dass Du mich geliebt hast, als ich gut war,*
*aber vor allem, dass Du mich geliebt hast, als ich*
*    schlecht war.*
*Danke, mein himmlischer Vater, dass Du mich genau*
*    so liebst, wie ich bin.*
*Amen.*

Im Wesentlichen geht es hier darum, dass wir von Gott so geliebt werden, wie wir sind, egal, wie wir uns verhalten. Es ist ein sehr kraftvolles Gebet, das wir sprechen können, wenn wir gute Dinge in unserem Leben getan haben, wenn wir liebevoll, freundlich und mitfühlend waren und anderen geholfen haben.

Es ist wichtig zu wissen, dass wir das Gebet auch sprechen können, wenn wir nicht so gut waren, etwa wenn wir wütend waren oder uns nicht liebevoll oder mitfühlend verhalten haben. Mit dem Wissen, dass Gott Sie liebt, schenkt Ihnen dieses Gebet die Hoffnung, dass Sie ganz von vorn beginnen und Ihr Bestes geben können, um ein guter, liebevoller, fürsorglicher Mensch zu sein.

### Gebet zur Anrufung des Erzengels Michael

*Erzengel Michael, ich rufe dich an,*
*sei heute an meiner Seite,*
*denn ich bin schwach und verletzlich.*
*Umgib mich mit deinem Schutzschild.*
*Schenke mir Kraft und Trost.*
*Danke, Erzengel Michael.*
*Amen.*

### Dankgebet

*Lieber Gott,*
*ich danke Dir, Gott, für mich*
*und für dich, Erzengel Michael.*
*Amen.*

In diesem kurzen Gebet danken wir Gott nicht nur für uns selbst, sondern auch dafür, dass der Erzengel Michael in unserem Leben ist. Wir bedanken uns bei

Gott für diesen wunderbaren Engel, der so viel für unsere Welt getan und so vielen Menschen geholfen hat, indem er sich für uns alle bei Gott immer wieder einsetzt.

**Gebet für das Geschenk des Himmels**
*Lieber Gott,*
*ich bitte Dich inständig, mein Gott, flöße uns die*
*    Kraft des Gebets ein,*
*diese unendliche mächtige Kraft, die vom Himmel*
*    stammt.*
*Bringe sie in den strahlenden Lichtfunken, in unsere*
*    Seele ein.*
*Ich liebe Dich, Gott.*
*Amen.*

Gebete haben eine mächtige Kraft. Sie stammt vom Himmel. Ja, sie ist Gott selbst. Darum, diese Kraft anzunehmen, geht es in diesem Gebet. Wir beten sowohl für Dinge, die wir auf menschlicher Ebene in dieser Welt benötigen, als auch für Dinge, die wir auf spiritueller Ebene brauchen. Die Kraft kommt herab, wir verleihen ihr unser individuelles Anliegen und schicken sie wieder nach oben zurück.

Aufgrund der Verbindung mit unserer Seele wird die mächtige Kraft des Gebets, die vom Himmel stammt, zu einem Teil von uns, da die Seele von dieser Kraft durchdrungen wird.

Unsere Seele ist ein Lichtfunken Gottes. Und wenn wir es zulassen, kann unsere Seele in ständigem Gebet sein. Es kann einen fortwährenden Gebetsstrom zum Himmel von jedem Einzelnen von uns geben, zum Thron Gottes. Stellen Sie sich vor, wie diese mächtige Kraft des Gebets sich in der Zukunft manifestieren könnte, wie sie unsere Welt verändern könnte, wie sie alles heilen könnte. Den meisten von uns wird die Kraft des Gebets zu verschiedenen Zeiten im Leben gezeigt. Ich bin mir sicher, dass wir buchstäblich Berge versetzen könnten, wenn wir alle beten würden.

Wir können heutzutage leichter lernen, wie man betet, da wir alle viel mehr über unsere spirituelle Seite, unsere Seele wissen. Wir können auf sehr unterschiedliche Weise beten oder meditieren. Heutzutage haben wir die Freiheit, eine solche Wahl zu treffen. Wir müssen uns nicht an alte Rituale halten, die uns von unseren Vorfahren überliefert wurden. Zudem wissen wir, dass wir überall beten können, obwohl wir das nach wie vor gern an geweihten, heiligen Orten tun, da wir dort eine Atmosphäre des Friedens und der Spiritualität wahrnehmen. Wir erlauben uns die Freiheit zu beten.

**Gebet, damit Gott an mich glaubt**
*Lieber Gott,*
*glaube an mich, Gott,*
*damit ich an mich selbst glauben kann.*

*Ohne Dich, mein Gott, bin ich nichts,*
*denn allein, ohne Deine Hilfe, kann ich nichts tun,*
    *mein Gott.*
*Dein Glaube an mich ist alles, was ich habe, mein*
    *Gott.*
*Er hilft mir, an mich selbst zu glauben.*
*Du, mein Gott, bist meine Zuflucht und meine Kraft.*
*Danke, Gott.*
*Amen.*

In dem Gebet geht es darum, dass der Glaube Gottes an Sie die Grundlage ist, damit Sie an sich selbst glauben können. Tief im Innern wissen Sie schon, dass Er an Sie glaubt. Und Sie werden diesen Glauben erfahren und spüren. Dies ist ein Gebet, das wir alle zu bestimmten Zeiten in unserem Leben sprechen sollten, besonders wenn wir den Glauben an uns selbst verlieren, wenn wir völlig niedergeschlagen sind.

In solchen Zeiten erkennen wir, dass wir es ohne Gottes Hilfe und ohne die Hilfe Unserer Lieben Frau und all der Engel und unseres Schutzengels nicht schaffen werden. Es ist so wichtig, dass wir ein Gewahrsein für Gott, Unsere Liebe Frau und alle Engel Gottes entwickeln und uns auch unserer Angehörigen sowie all der Heiligen gewahr werden, die nach Hause in den Himmel zurückgekehrt sind.

Kapitel 13

# *Unsere Seele und unsere spirituelle Reise*

**Dankgebet zu Gott für meinen Schutzengel**

*Lieber Gott,*
*danke für das wertvolle Geschenk meines*
*    Schutzengels,*
*der mich nie auch nur für eine Sekunde verlässt,*
*der mich führt und beschützt*
*und mich mit endloser Liebe bedingungslos liebt,*
*der mich nie aufgibt,*
*auch wenn andere das tun,*
*der stets liebevoll seine Arme um mich gelegt hat*
*und mich nie loslassen wird.*
*Danke, Gott, für das wundervollste Geschenk von*
*    allen: meinen Schutzengel.*
*Amen.*

Gott hat mir schon viele Gebete übermittelt, die Sie zu Ihrem Schutzengel sprechen können. All die Worte, die mir für jedes einzelne Gebet in diesem Buch eingegeben wurden, stammen von Gott. Gott möchte, dass jedes Gebet in diesem Buch Ihr Herz und Ihre Seele berührt, um Ihnen zu helfen, das Beten zu erlernen. Ich liebe die Worte dieses Gebets, da ich damit Gott für meinen Schutzengel danken kann, der mich unendlich und bedingungslos liebt. Selbst wenn andere Sie aufgeben – Ihr Schutzengel wird Sie nie aufgeben.

**Bittgebet zum Schutzengel um Hilfe bei täglichen Aufgaben**
*Mein lieber Schutzengel,*
*hilf mir bei meinen heutigen Erledigungen.*
*Die Aufgaben sind klein, aber für mich sind sie*
*    riesengroß.*
*Vielleicht könntest du Gott darum bitten, ein paar*
*    weitere Engel zu schicken, die mir helfen.*
*Ich möchte Gott nicht zu sehr behelligen, mein*
*    Schutzengel.*
*Danke, dass du mir hilfst, meine heutigen Aufgaben*
*    zu erledigen, mein Schutzengel.*
*Amen.*

Um die Dinge zu bewältigen, die jeden Tag zu tun sind, können Sie sich mit diesem Gebet an Ihren

Schutzengel wenden. Hier wird der Schutzengel darüber hinaus aufgefordert, Gott um weitere Unterstützung von einigen anderen Engeln zu bitten. Sprechen Sie im Gebet zu Ihrem Schutzengel, so wie Sie es mit Ihrem besten Freund tun würden. Für mich ist dies ein wunderbares Gebet. Ich bitte meinen Schutzengel ständig darum, mir bei allem Möglichen zu helfen, was ich jeden Tag erledigen muss. Sie können das auch tun: einfach mit diesem Gebet.

**Gebet, um etwas gegen den Alltagstrott zu unternehmen**

*Lieber Gott,*
*ich brauche Deine Hilfe, um diesen Tag zu*
*überstehen.*
*Ich hasse meinen Job.*
*Ich finde ihn schwierig und anstrengend.*
*Er interessiert mich eigentlich nicht.*
*Ich finde ihn langweilig und ermüdend.*
*Hilf mir, das Positive in dem zu sehen, was ich tue,*
*damit es sich nicht wie eine anstrengende tägliche*
*Routine anfühlt*
*und damit die Dinge sich zum Guten verändern.*
*Danke, mein Gott,*
*Amen.*

Die meisten von uns tun zu bestimmten Zeiten in ihrem Leben etwas, das sie nicht interessiert und das sie vollkommen langweilig finden. Dieses Gebet hilft Ihnen, das zu verändern, damit Sie eines Tages in der Zukunft etwas tun werden, das Sie wirklich begeistert.

**Gebet für den Moment, wenn Gott meine Seele berührt**

*Lieber Gott,*

*danke, mein Gott, denn Du hast meine Seele berührt,*

*und unter meinen Tränen der Erleichterung hast Du mir eine solche innere Ruhe gewährt, mein Gott,*

*eine Ruhe der Liebe und Hoffnung.*

*Danke, mein Gott.*

*Amen.*

Dies ist ein machtvolles Gebet. Wenn Gott Ihre Seele berührt, schenkt Seine Liebe Ihnen Hoffnung und Erleichterung. Sie verleiht Ihnen eine große Ruhe und Frieden. Es widerfährt Menschen häufig in Zeiten, die von enormem Stress, Tragik und Hoffnungslosigkeit geprägt sind: Wenn sie im Gebet sind und sich verzweifelt an Gott wenden, berührt er ihre Seele und schenkt ihnen eine solche Erleichterung, dass sie Tränen in den Augen haben und eine Ruhe der Liebe und der Hoffnung empfinden.

### Gebet für Heilung

*Mein Schutzengel,*
*bitte bete für mich, für meine Heilung,*
*damit ich mein Leben fortsetzen kann.*
*Setze dich bei Gott für mich ein,*
*dass Er Seine Heilengel schickt,*
*damit ich den Rest meines Lebens ohne allzu große*
     *Schmerzen verbringen kann.*
*Danke, dass du für mich betest, mein*
     *Schutzengel.*
*Amen.*

Wenn Ihr physischer Körper Heilung braucht, können Sie sich mit diesem Gebet an Ihren Schutzengel wenden, sei es, dass Sie um Heilung aufgrund einer langwierigen Erkrankung bitten oder weil Sie chronische Schmerzen haben, da Ihr Körper alt geworden ist, oder sei es, dass Sie sich kraftlos oder niedergeschlagen fühlen.

### Gebet um Zugehörigkeit

*Lieber Gott,*
*ich bitte Dich inständig, mein Gott,*
*Deine Engel vom Himmel herabzuschicken,*
*um mir zu helfen, einen Platz zu finden dort, wo ich*
     *hingehöre,*
*denn ich habe das Gefühl, im Moment nirgendwo*
     *dazuzugehören.*

*Gott, auf Dein Geheiß hat mein Schutzengel mich*
*    fest in seine Arme geschlossen*
*und lässt nicht zu, dass ich die Suche nach einem*
*    Platz aufgebe, wo ich hingehöre.*
*Hilf mir, diesen Platz zu erkennen.*
*Danke, dass Du mir hilfst, mein Gott.*
*Amen.*

Dieses Gebet ist speziell für jemanden gedacht, der das Gefühl hat, er gehöre nirgendwohin, er sei nirgendwo zu Hause. Doch wir alle gehören zu verschiedenen Zeiten in unserem Leben irgendwohin. Manchmal verlieren wir dies lediglich aus den Augen. Mit diesem Gebet bitten Sie Gott, Sie dabei zu unterstützen, dass Sie diesen Ort finden. Es erinnert Sie auch daran, die feste Umarmung Ihres Schutzengels zu spüren, der nicht zulässt, dass Sie aufgeben.

### Gebet um Hilfe auf meiner spirituellen Reise
*Lieber Gott,*
*hilf mir auf meiner spirituellen Reise.*
*Ich befinde mich auf der Suche nach Dir, mein Gott,*
*und versuche, den Himmel zu begreifen,*
*meine Seele, meinen Schutzengel und all Deine*
*    Engel und die Existenz des Himmels.*
*Ich sehe, wie Du vor mir hergehst, mein Gott,*
*Du bist wie ein strahlendes Licht, das mich anzieht,*
*    damit ich Dir folge.*

*Ich dürste bei meiner Suche nach Dir, mein Gott.*
*Danke, dass Du mich führst, damit ich Dich finde,*
  *mein Gott.*
*Amen.*

Dieses Gebet soll Sie auf Ihrer spirituellen Reise und Ihrer Suche nach Gott unterstützen sowie bei Ihren Bemühungen, Seine Engel und den Himmel zu begreifen. Es ist eine lange Reise. Ich glaube, wir beginnen sie mit unserer Geburt, und sie endet erst, wenn unser menschlicher Körper stirbt und unsere Seele mit unserem Schutzengel in den Himmel geht und wir erkennen, dass wir an jedem Tag unseres Lebens bei Gott waren.

Es liegt an unserer Seele, dass wir ständig auf der Suche nach Gott sind und uns überhaupt auf einer spirituellen Reise befinden. Egal welcher Religion wir angehören, ob wir an Gott glauben oder nicht, wir suchen stets nach dem Sinn unserer Existenz und all der Dinge in der Natur, die uns umgibt. Wir sind davon fasziniert. Gott fasziniert uns.

Nicht nur Wissenschaftler und Religionsphilosophen – alle möglichen Menschen wollen wissen, weshalb wir da sind und wie das Leben begann. Die Theorien verändern sich ständig, da die Wissenschaft neue Erkenntnisse gewinnt. Für eine gewisse Zeit sind sie von ihrer Ansicht überzeugt, bis etwas anderes entdeckt wird, das alles wieder verändern kann.

Viele von uns machen sich auf die Suche nach Gott, indem sie ausschließlich spirituelle Bücher wie die Bibel oder den Koran oder Texte anderer Religionen lesen. Ich kann Ihnen eins versichern – Gott ist real, und das trifft auch auf Ihren Schutzengel zu. Wir alle haben eine Seele, diesen Lichtfunken Gottes, und eines Tages werden wir unsere verstorbenen Angehörigen wiedersehen, wenn unsere Zeit gekommen ist, nach Hause in den Himmel zurückzukehren.

**Gebet für Flüchtlinge**
*Lieber Gott,*
*ich bitte Dich, den Flüchtlingen zu helfen,*
*den Männern, Frauen, Kindern, die aus ihrem Land*
*    flüchten müssen*
*ohne eigenes Verschulden,*
*aufgrund von Krieg, Armut, auf der Suche nach*
*    Hoffnung.*
*Hilf mir, die Güte in meinem Herzen zu haben, um*
*    ihnen zu helfen,*
*denn eines Tages könnte ich selbst ein Flüchtling*
*    sein,*
*und vielleicht hoffe ich dann,*
*dass mich einer der heutigen Flüchtlinge unterstützt.*
*Hilf mir daher, dem Flüchtling mit Freundlichkeit*
*    und Liebe zu begegnen,*
*mein Gott,*
*Amen.*

Die meisten Flüchtlinge haben nichts. Es sind ganz normale Menschen wie Sie und ich. Sie mögen eine andere Sprache sprechen oder eine andere Kultur haben, aber das ist nicht ihr Fehler. Wir sollten stets auf Fremde zugehen und ihnen helfen. Eines Tages könnte es umgekehrt sein. Ich glaube nicht, dass wir Flüchtlingen ausreichend helfen. Ich bin Männern und Frauen begegnet, die mir erzählten, sie seien Flüchtlinge, ihre Eltern seien in ein anderes Land geflohen. Sie bemühten sich sehr, ihre eigenen Kinder durchzubringen. Es sind gute Menschen.

**Gebet für den täglichen Segen**

*Lieber Gott,*
*danke für den Segen bei meinen täglichen*
*Aktivitäten.*
*Danke für den Segen meines Schutzengels.*
*Danke für den Segen der arbeitslosen Engel, die mir*
*helfen.*
*Danke für den Segen in meinem Alltag, im Großen*
*wie im Kleinen.*
*Danke für den Segen Deiner selbst, mein Gott, der*
*Du für mich da bist.*
*Ich danke Dir.*
*Amen.*

Dies ist lediglich ein kurzes Gebet, um Gott für die Segnungen bei Ihren täglichen Aktivitäten zu danken, egal ob sie groß oder trivial sind, sowie für Ihren Schutzengel und all die arbeitslosen Engel, die Gott in Ihr Leben geschickt hat. Und für den Segen, dass Gott einfach für Sie da ist.

# Kapitel 14

## *Die Liebe nach einem Trauma erneuern*

**Gebet für Menschen, die sexuelle Gewalt erlebt haben**

*Lieber Gott und mein Schutzengel,*
*bitte helft mir.*
*Ich war sexueller Gewalt ausgesetzt. Bitte helft mir,*
*mich wieder zu erholen.*
*Ich bin wütend und verbittert.*
*Im Moment fühle ich mich völlig verloren.*
*Gott, mein Schutzengel und all ihr Heilengel,*
*ich sehe ein kleines Licht in der Entfernung,*
*aber meine Wut und mein Hass lassen es immer*
*wieder ausgehen.*
*Helft mir zu überleben und diese Situation zu*
*überwinden.*
*Gott, hilf mir, mein Leben wieder zurückzuerlangen,*
*nicht mehr voller Angst zu sein.*

*Ich brauche Hilfe, mein Gott.*

*Du weißt, ich bin eine Überlebende/ein Überlebender. Ich werde um das Überleben kämpfen, aber es ist wirklich schwer.*

*Danke, Gott, mein Schutzengel und all ihr Heilengel für eure Hilfe.*

*Amen.*

Ich kann mir gar nicht vorstellen, wie es für jemanden ist, der sexueller Gewalt ausgesetzt war, aber die Engel und Gott haben mir gesagt, dass es für die Betroffenen entsetzlich sei. Es ist sehr schwer, wieder zu sich zu finden. Es ist etwas Schreckliches, das Männern, Frauen und Kindern widerfahren kann. Manchmal werden sie jahrelang sexuell missbraucht.

Es muss einen Menschen, dem dies widerfährt, komplett erschüttern. Wahrscheinlich verliert er all sein Vertrauen und den Glauben an sich selbst und ist voller Wut und Verbitterung. Dieses Gebet ist für jemanden, der sexueller Gewalt ausgesetzt war, vielleicht Sie selbst oder jemand, den Sie lieben. Sie bitten Gott, Ihren Schutzengel und all die Heilengel darum, Ihnen zu helfen, Ihnen die Kraft und den Mut zum Überleben zu verleihen. In diesem Gebet geht es darum, Ihr Leben irgendwie wieder so normal wie möglich werden zu lassen.

Ein sexueller Übergriff wird für Sie in gewisser Weise immer Teil Ihrer Geschichte sein, das ist mir bewusst. Aber Gott und die Engel können ein Wunder wirken und Ihnen helfen, die Kraft zu finden, wieder glücklich zu sein und das Leben zu genießen. Ich weiß, dass Sie es schaffen können, und dieses Gebet wird Ihnen die Kraft dazu verleihen.

### Gebet, um sich für die Regeneration nach sexueller Gewalt zu bedanken

*Gott,*

*ich bringe Dir auf ewig Dankbarkeit entgegen, mein Gott.*

*Ich bin von meiner Angst der Vergangenheit befreit.*

*Ich bin nun vom Trauma des sexuellen Missbrauchs befreit.*

*Ich bin nun frei, um Liebe und Freude in meinem Leben zu haben.*

*Danke, mein Gott,*

*für alles von diesem Moment an in meinem Leben.*

*Amen.*

Das mit dem Missbrauch einhergehende psychische und physische Leid ist zunächst ein Hindernis, ein normales Leben zu führen, aber nun fühlt der oder die Betroffene sich frei, wie jeder andere Liebe und Freude im Leben willkommen zu heißen. Ein neues Leben beginnt von diesem Moment an, und dafür geht mit diesem Gebet der Dank an Gott.

## Gebet, um eine psychische Erkrankung zu überwinden

*Lieber Gott,*

*befreie mich von meiner Angst und Depression.*

*Hilf mir zu heilen.*

*Befreie mich von meinen körperlichen Schmerzen.*

*Befreie mich von meinen schlechten Angewohnheiten.*

*Befreie mich von unbekannten Belastungen.*

*Befreie mich von diesem schrecklichen Ort.*

*Befreie mich, damit ich meinen Schmerz überwinden und das Leben wieder genießen kann.*

*Lass mich das Licht Deiner Hoffnung und Deine Liebe spüren.*

*Danke, dass Du mir hilfst, mein Gott.*

*Amen.*

Dies ist ein persönliches Gebet für jemanden, der unter Angst und Depression leidet und davon befreit werden möchte, ebenso wie von anderen Sorgen und Beklemmungen. Er möchte endlich wieder das Leben von der schönen Seite wahrnehmen können.

Ich weiß, dass dieses Gebet viele von Ihnen persönlich berühren wird, da es um etwas geht, was in Ihrem eigenen Leben geschieht oder im Leben von jemandem, den Sie kennen. Sie können das Gebet auch für jemand anderen sprechen, vor allem wenn er oder sie sich der Lage gar nicht bewusst ist.

Ich hoffe, Sie sprechen dieses Gebet für jemanden, den Sie kennen, sei es aus Ihrer Familie oder Ihrem Freundeskreis, oder für jemanden, den Sie zwar nicht persönlich kennen, von dem Sie aber gehört haben, dass er unter Angst und Depression oder einer anderen psychischen Erkrankung leidet.

**Gebet für Sonne und Freude am Ende des Lebens**

*Danke, Gott,*

*für einen weiteren Tag voller Sonnenschein und Freude in meinem Leben.*

*Gott, könntest Du gewähren, dass der Rest meiner Tage,*

*die mir bleiben, von Sonnenschein und Freude erfüllt ist?*

*Danke für jeden Tag,*

*der mir bleibt, mein Gott.*

*Amen.*

Dieses Gebet ist für jemanden angebracht, der todkrank ist oder im Sterben liegt. Obwohl es Gottes Wille ist, bedankt er sich bei Gott für jeden weiteren Tag, der ihm Freude bringt, wissend, dass sich sein Leben dem Ende zuneigt.

Sie können dieses Gebet auch für jemanden sprechen, der am Ende seines Lebens ist. Ob es noch Tage, Wochen oder Monate sind – Sie können den

Wunsch zum Ausdruck bringen, dass diese mit so viel Sonnenschein, Freude und Liebe erfüllt sind wie möglich.

**Gebet zur Heilung der Beziehung zwischen Eltern und Kind**

*Mein liebster Schutzengel,*

*hilf mir, wieder eine liebevolle Beziehung mit meinem Kind zu haben.*

*Bitte seinen Schutzengel, ihm zu helfen, meine Liebe zu spüren.*

*Ich liebe mein Kind sehr.*

*Bitte Gott, mein Kind mit Seinen Engeln zu umgeben.*

*Möge Gott mein Kind in jeder Weise segnen und es behüten.*

*Danke, Gott.*

*Amen.*

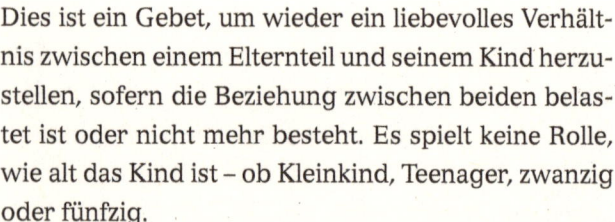

Dies ist ein Gebet, um wieder ein liebevolles Verhältnis zwischen einem Elternteil und seinem Kind herzustellen, sofern die Beziehung zwischen beiden belastet ist oder nicht mehr besteht. Es spielt keine Rolle, wie alt das Kind ist – ob Kleinkind, Teenager, zwanzig oder fünfzig.

Die betende Mutter bzw. der betende Vater ersucht ihren/seinen Schutzengel, sich an den Schutzengel des Kindes zu wenden, und auch, dass Gott das

Kind mit Seinen Engeln umgeben möge, denn es tut dem Elternteil weh, keine liebevolle Beziehung mit dem eigenen Kind zu haben, es liebt das Kind. Daraus ist das Gebet entstanden.

### Gebet für schwierige Zeiten

*Gott,*
*lass die Gnade der Hoffnung über mich strömen,*
*und lass mich stets das Licht der Hoffnung sehen,*
*das hell vor mir leuchtet.*
*Erhelle die Dunkelheit, indem Du mich mit Glauben*
    *und Hoffnung erfüllst*
*und mich den Trost deiner Liebe empfangen lässt.*
*Schenke mir den Mut und die Kraft der Gewissheit,*
*dass ich diese schweren Zeiten überstehen werde.*
*Erfülle mich mit der Freude und dem Vertrauen*
    *der Gewissheit,*
*dass ich Dein Kind bin, und dass Du*
*für mich sorgen wirst und für diejenigen, die ich*
    *liebe.*
*Erhöre mein Gebet.*
*Amen.*

In verschiedenen Phasen unseres Lebens macht jeder immer wieder schwierige Zeiten durch. Manchmal sind diese Zeiten kritisch, und dann wieder sind sie nicht so schlimm. Doch egal, was auch geschehen mag, wir werden sie stets überstehen.

Hoffnung braucht es in solchen Zeiten, aber auch Licht, das die Dunkelheit erleuchtet, damit man in der Lage ist, einen Weg zu erkennen, um die Probleme zu überwinden. Möglicherweise wirken sie riesig, aber dieses Licht in der Dunkelheit erfüllt Sie mit Glauben und Zuversicht, sich wieder aufzurappeln. Es ermutigt Sie, das zu tun, was Sie tun müssen, um sich selbst zu helfen.

Gottes Engel unterstützen Sie und schenken Ihnen überdies Freude. Sie wissen, dass Gott und all Seine Engel sowie Ihr Schutzengel Ihnen helfen werden, weil sie wissen, dass Sie Gottes Kind sind. Gott sorgt sich um Sie und um diejenigen, die Sie lieben. Sie wissen, dass Gott Ihr Gebet gehört hat.

## Kapitel 15

# Ich bin der Liebe Gottes würdig

**Ein Weihnachtsgebet der Hoffnung**
*Mein Gott,*
*ich bitte Dich dieses Weihnachten darum,*
*dass das Geschenk des Engels der*
    *Hoffnung*
*in mein Leben kommt,*
*in das Leben derer, die ich liebe,*
*und in das Leben*
*jedes Menschen auf der Welt,*
*der in dieser Zeit Hoffnung braucht.*
*Amen.*

Sie wünschen sich mit diesem Gebet das Geschenk des Engels der Hoffnung, und zwar nicht nur für sich, sondern auch für Ihre Lieben und darüber hinaus für jeden Menschen auf der ganzen Welt, der Hilfe und Hoffnung benötigt.

Weihnachten ist eine besondere Zeit, um zu beten, da die Tore des Himmels weiter geöffnet sind. Genauso ist es zur Zeit der Frühjahrs-Tagundnachtgleiche, zu deren Anlass Religionen auf der ganzen Welt besondere Feste feiern, darunter Ostern und das Passahfest. Ich bin mir solcher Ereignisse sehr bewusst und fühle mich dazu veranlasst, zu diesen besonderen Zeiten des Jahres mehr zu beten.

Wenn die Tore des Himmels um die Jahreswende weiter geöffnet sind, tragen die Engel mehr Geschenke für uns, und zudem kommen sie herbei, um all die Gebetsteile aufzusammeln, die in unserem Herzen und unserer Seele sind, die wir in unseren Gebeten allerdings nicht zum Ausdruck gebracht haben – aus welchem Grund auch immer.

### Gebet zu Ostern

*Lieber Gott,*

*vergib mir, mein Gott, für den Schmerz und das Leid
Deines Sohnes.*

*Ich möchte Dir für dein Opfer danken, mein Gott,*

*wir hätten keine Wiederauferstehung.*

*Aufgrund dessen weiß ich, dass ich das ewige
Leben habe,*

*dass meine Seele zu Dir zurückkehren wird, mein
Gott.*

*Amen.*

Zu Ostern geht es um die Kreuzigung von Gottes Sohn, der für uns alle gestorben ist, vor allem aber um Seine Wiederauferstehung, die uns das Leben schenkt, uns befreit, damit unsere Seelen zu Gott zurückkehren können, weil Gott Liebe ist.

An bestimmten Tagen kommen die Gebete mit einer größeren Kraft in den Himmel. Es ist nicht unbedingt jedes Jahr derselbe Tag. Die Tage können ziemlich zufällig sein. Selbst wenn viele Menschen sich dessen nicht bewusst sind, bemerke ich, dass sie an diesen speziellen Tagen mehr beten. Häufig erzählen sie mir, dass sie in dieser Zeit sehr intensiv oder überhaupt zum ersten Mal gebetet haben.

### Gebet für Mittsommer

*Lieber Gott,*
*es ist Mittsommer, mein Gott.*
*Danke für all die Früchte des Reichtums in jedem*
*    Aspekt meines Lebens,*
*die ich nun mit meiner Familie und meinen*
*    Nachbarn teilen werde.*
*Lass die Ernte des Mittsommers in ihrem Leben so*
*    gut sein wie in meinem*
*oder besser, falls das möglich ist, mein Gott.*
*Danke für die Ernte zum Mittsommer auf der ganzen*
*    Welt.*
*Amen.*

Zur Mittsommerzeit geht es darum, sich bei Gott für die Ernte in jedem Bereich Ihres Lebens zu bedanken, egal ob es sich um Ihren Arbeitsplatz handelt oder um Ihre Familie, um Ihre Freunde oder um die Natur, die Sie umgibt. Alles, was Sie hervorgebracht haben, ist Ihre Mittsommerernte. Denn jeder von uns hat eine Mittsommerernte der einen oder anderen Art in seinem Leben, und es ist großartig anzuerkennen, wie gut sie für uns ausgefallen ist, indem wir Danke sagen.

Die Engel ahmen häufig auf eine liebevolle Weise die Freude und die Feierstimmung eines Menschen nach. Sie zeigen uns, dass es keinen Grund dafür gibt, uns Sorgen zu machen oder Angst zu haben. Wir sollten feiern.

Ich bedanke mich oft bei Gott für gute Dinge, die auf der Welt sowie innerhalb meiner Familie geschehen sind. Auf diese Weise preise ich Gott. Weil die Menschen Gottes Liebe nicht annehmen, fühlen sie sich oft gegängelt, wenn sie dazu angehalten werden, Gott zu preisen. Und sie haben auch das Gefühl, Er brauche das nicht.

Gott benötigt unseren Lobpreis nicht auf die Weise, wie es uns vor langer Zeit beigebracht wurde. Er wünscht sich für uns, dass wir das Leben so viel wie möglich auskosten. Wenn wir das tun, lobpreisen wir Ihn.

Ich habe dieses Buch geschrieben, weil ich mir wünsche, dass wir freier zu Gott sprechen und Gott als die Person sehen, die neben uns sitzt. Ich möchte, dass wir unsere Herzen ausschütten.

**Gebet für die Gnade der Heilung**

*Gott,*

*danke, mein Gott, dass Du mir die Gnade der*
*Heilung schenkst.*

*Hilf mir, die Kraft Deiner heilenden Gnade in mir*
*bewusster wahrzunehmen,*

*die mächtige Kraft Deiner Liebe.*

*Hilf mir, diese heilende Gnade der Liebe in mir*
*freizusetzen,*

*die aus meiner Seele kommt,*

*für mich selbst und die Menschen, die ich liebe und*
*die mir etwas bedeuten.*

*Amen.*

Gott hat jedem Einzelnen von uns die Gnade der Heilung geschenkt – sie wohnt in uns allen und ist eine mächtige Kraft, die aus unserer Seele stammt. Wir alle besitzen sie, weil unsere Seele der Lichtfunken Gottes ist, dieser kleine Teil von Ihm selbst, der jeden Teil von uns mit Seiner Gnade und Seinem Licht erfüllt.

Wir können diese heilende Gnade der Liebe für andere und für uns selbst freisetzen. Wir können im Gebet darum bitten, dass dies geschieht. Dadurch werden wir uns unserer Seele bewusster. Das Gebet ist besonders kraftvoll, wenn die Seele zum Vorschein kommt.

Ich habe diese heilende Gnade häufig gesehen. Es ist dieselbe Kraft wie die Liebe. Manchmal, und das hängt von dem jeweiligen Menschen ab, sehe ich eine unterschiedliche Intensität in dieser heilenden Gnade. Wahrscheinlich liegt es daran, wo dieser Mensch emotional, psychisch und physisch steht.

Doch trotz dieser Variationen wirkt sie stets sehr hell. Ich kann sie eigentlich nicht als physisches Erlebnis beschreiben. Sie ist strahlend. Sie ist sehr mächtig. Es ist, als würde man durch das Licht der Sonne hindurchsehen und als würde eine riesige Explosion aus einem Menschen hervorkommen, um die Heilarbeit zu vollbringen, die dann wieder in sein Inneres zurücksinkt.

Wir können diese heilende Gnade für uns selbst nutzen, aber wir können sie auch für andere nutzen, wenn wir um Heilung bitten. Wenn eine Mutter oder ein Vater ihr bzw. sein weinendes Kind im Arm hält und das Kind aufhört zu schluchzen, liegt dies an der Gnade der Heilung, die die Mutter oder der Vater nutzt. Wenn Sie die Hand von jemandem halten, der Schmerzen hat, egal ob es sich um körperliches oder emotionales Leid handelt, und die Schmerzen werden gelindert, ist dies das Geschenk von Gott, das Er jedem Einzelnen von uns als Gnade der Heilung gegeben hat.

**Gebet, um meinen Selbstwert zu erkennen**
*Mein geliebter Gott,*
*hilf mir, meinen Selbstwert als Individuum zu*
  *schätzen,*

*zu wissen, dass ich vollkommen und einzigartig*
  *bin,*
*weil ich Dein Kind bin, mein Gott.*
*Hilf mir, meine eigene Persönlichkeit zu erkennen.*
*Hilf mir, an mich selbst zu glauben,*
*die Person zu sein, die ich Dir zufolge bin,*
*und hilf mir vor allem, mich selbst zu lieben, weil ich*
  *Dein Kind bin.*
*Mithilfe Deiner Liebe kann ich das schaffen, mein*
  *Gott, das weiß ich.*
*Danke, dass Du mir hilfst.*
*Amen.*

Dies ist ein Gebet für alle, die vielleicht an ihrem Selbstwert zweifeln. Es wird ihnen helfen zu erkennen und Gewissheit zu haben, dass sie ein Kind Gottes sind. Es stärkt die positive Einstellung und den Mut, an sich selbst zu glauben. Wenn Sie einfach Sie selbst sind, beschert Ihnen das Liebe, Hoffnung, Frieden und Freude. Dieses Glück entsteht, wenn Sie Ihren persönlichen Selbstwert anerkennen.

**Gebet für Gott, Du bist mein Anker**
*Gott,*
*ohne Dich könnte ich nicht überleben, mein Gott.*
*Du bist mein Anker, der mich festhält.*
*Du bist mein Leben, meine Liebe, meine Hoffnung.*
  *Du bist alles für mich,*

*denn das Leben hätte keinen Sinn für mich, mein*
  *Gott,*
*ohne Dich, mein Gott, könnte ich nicht überleben,*
*denn Du gibst meinem Leben einen Sinn,*
  *mein Gott.*
*Amen.*

Hier kommt Ihre Verbundenheit mit Gott zum Aus-
druck und die Tatsache, dass Er Ihnen alles bedeutet.
Sie gestehen sich ein, dass Sie ohne Gott gar nicht
überleben könnten. Das Leben hätte keinen Sinn
ohne Ihn. Doch durch Gott hat Ihr Leben die größte
Bedeutung überhaupt. Gottes Liebe und der kleine
Lichtfunken – Ihre Seele – sind ein Teil von Gott und
Seiner reinen Liebe.

### Gebet für Glück

*Gott,*
*ich bete um eine Glückssträhne.*
*Ich warte darauf, dass Jesus vom Himmel*
  *herabkommt*
*und alles gut werden lässt.*
*Ich weiß, dass Er meine Tränen fortwischen*
*und den Fluss der Schmerzen und Verletzungen*
  *stoppen wird,*
*dass Er den Fluss des Glücks herbeikommen lassen*
*und ein Lächeln auf die Gesichter meiner*
  *Angehörigen zaubern wird.*

*Ich danke Dir im Voraus dafür, Jesus, dass Du vom*
*Himmel herabkommen wirst,*
*um mir zu sagen, dass alles gut wird.*
*Danke, mein Gott.*
*Amen.*

Dieses Gebet kann bei sehr vielen Gelegenheiten gesprochen werden. Es könnte von einem Ehemann stammen, der seine Frau verloren hat, der Kinder großzuziehen hat und für den die Situation extrem schwer ist. Sein Herz ist zerrissen und ebenso das seiner Kinder, da sie den Menschen vermissen, den sie lieben.

Es könnte sogar von jemandem gesprochen werden, der buchstäblich alles in seinem Leben verloren hat: seine Angehörigen und seinen materiellen Besitz mit Ausnahme der Kleidung, die er am Leib trägt. Er ist an einem dunklen Ort, voller Angst, und hat jede Hoffnung verloren.

Mit diesem Gebet bitten wir Gott um ein wenig Glück in unserem Leben. Unter Tränen bedanken wir uns schon im Voraus dafür, dass Jesus vom Himmel herabkommt und alles gut werden lässt.

Für wen auch immer – es ist ein sehr kraftvolles Gebet, um dem Fluss des Leidens und der Verletzungen Einhalt zu gebieten.

### Gebet, um mich vor Hass zu schützen

*Mein Schutzengel,*
*erinnere mich daran, nie rassistisch zu denken,*
*in meinem Herzen keine Verbitterung, Zorn oder*
*    Hass gegenüber anderen zu empfinden*
*oder Gewalt anzuwenden.*
*Halte mich davon ab, mein Schutzengel, lass nicht*
*    zu, dass ich von Hass gereizt werde.*
*Ich verlasse mich auf dich, mein Schutzengel.*
*Lass mich erkennen, wenn ich mich falsch verhalte,*
*und lass Liebe und Mitgefühl in mein Herz*
*    einkehren.*
*Danke, mein Schutzengel.*
*Amen.*

Sie bitten Ihren Schutzengel, Ihr Herz mit Liebe und Mitgefühl vor Rassismus oder Gewalttätigkeit zu schützen und überhaupt in Ihnen das Bewusstsein dafür zu schärfen, wenn Ihr Denken oder Ihr Handeln in diese Richtung gehen würde.

Die Welt braucht enorm viel Liebe. Wir alle müssen der Liebe in unserem Inneren erlauben, zum Ausdruck zu kommen, in die Welt hinauszuströmen und all den Hass und Zorn, die Verbitterung und die Gewalt zu beenden.

**Gebet zu Gott für meine Kinder**

*Gott,*
*ich bin dankbar für jeden Tag.*
*Ich bitte Dich demütig darum, Deine Engel zu*
*    schicken und meine Kinder mit ihnen zu*
*    umgeben.*
*Behüte sie vor allem Unheil.*
*Lass es ihnen im Leben gut gehen und lass sie*
*    glücklich sein.*
*Danke, mein Gott.*
*Amen.*

Dieses kleine Gebet hat mir der Engel Hosus übermittelt. Eltern wünschen sich für ihre Kinder an erster Stelle Schutz, dass es den Kindern im Leben gut ergehe und dass sie glücklich sein mögen. Sie möchten, dass ihre Kinder einen Job haben, Liebe, Glück und Freude finden und ein erfülltes Leben führen. Das Gebet bietet eine gute Gelegenheit, diesem Wunsch Gott gegenüber Ausdruck zu verleihen.

**Gebet für die Liebe Gottes**

*Mein Schutzengel,*
*bitte sprich für mich mit Gott.*
*Sage Gott, wie dankbar ich für Seine Liebe*
*    bin.*
*Jedes Mal, wenn ich mich selbst und die*
*    Hoffnung verliere,*

*bin ich so dankbar, dass ich mich an Gott wenden*
*kann.*
*Ich bin mir Seiner Liebe, Seines Friedens und Seiner*
*Freude gewiss,*
*und das schenkt mir neue Hoffnung.*
*Danke, dass du mir hilfst, mein Schutzengel.*
*Amen.*

Hier soll Ihr Schutzengel als Vermittler auftreten und zu Gott darüber sprechen, wie wichtig es ist, dass Sie sich an Gott wenden können und von Ihm Seine Liebe, Seinen Frieden und Seine Freude empfangen können. Das verleiht Ihnen die Zuversicht, die Sie brauchen.

Jedes Mal, wenn Sie sich selbst verlieren und keine Hoffnung mehr haben, wissen Sie, dass Ihr Schutzengel mit Gott sprechen wird, um Ihn daran zu erinnern, wie wichtig Gottes Liebe an jedem Tag Ihres Lebens für Sie ist.

## Kapitel 16

## *Das Leben voll ausschöpfen*

**Dankgebet an meine Seele**

*Danke, mein Gott, dass Du etwas von Dir mit mir
teilst:*

*diesen Funken von Licht und Liebe in meinem
menschlichen Körper,*

*meine wunderschöne Seele, die ein Teil von
Dir ist,*

*mein Gott, von Deiner Liebe und Deinem
Mitgefühl.*

*Danke für meine Seele aus reiner Liebe.*

*Amen.*

Dieses Gebet thematisiert einmal mehr den göttlichen Funken in uns. Sie danken Gott dafür, dass Er Ihnen einen Teil von Sich selbst schenkt.

**Gebet für die Menschen, die mir jeden Tag helfen**

*Gott,*

*ich bin Dir auf ewig dankbar,*

*denn ohne all die Menschen, die Du in mein Leben*
   *geschickt hast,*

*wäre ich verloren gewesen.*

*Ich bitte Dich, mein Gott, und all Deine Engel,*
   *über sie zu wachen.*

*Ich bitte Dich, sie mit Deiner Liebe, mit Heilung,*
   *Frieden und Hoffnung zu segnen.*

*Amen.*


Gott hat immer wieder hilfsbereite Menschen in Ihr Leben geschickt, selbst wenn es nur für eine kurze Zeit war. Meistens vergessen wir solche Leute, egal ob es sich um einen Ladenbesitzer, einen Nachbarn oder einen Fremden handelt, der uns geholfen hat. Mit diesem kleinen Gebet bedanken wir uns bei Gott und bitten Ihn darum, diese Menschen zu segnen, wo auch immer sie sich mittlerweile auf der Welt befinden mögen.


**Gebet um einen starken Geist**

*Mein Schutzengel,*

*bitte bete für mich zu Gott,*

*bitte Ihn, meinen Geist zu stärken,*

*da er in jeder Hinsicht schwach zu sein scheint*

*und mich verletzlich macht, wenn ich eigene*
  *Entscheidungen treffe.*
*Mein Schutzengel, bitte richte Gott aus,*
*dass ich Ihm für alles danke, was Er mir geschenkt*
  *hat,*
*doch ich wäre auch dankbar,*
*wenn Er meinen Geist nur ein kleines bisschen mehr*
  *stärken könnte.*
*Amen.*

Hier geht es um einen starken Geist, und der ist tat-sächlich für jeden von uns sehr wichtig. Eltern brau-chen ihn, um ihre Kinder zu führen. Wir alle brau-chen ihn für unser Gefühlsleben. Wir brauchen ihn in der Arbeit oder wenn wir uns mit Freunden tref-fen. Wir brauchen einen starken Geist bzw. Charak-terstärke, um Ja oder Nein zu sagen. Es gibt so viele Gründe, weshalb wir einen starken Geist brauchen.

Häufig sagen wir zu uns selbst: »Wenn ich nur stärker wäre, hätte ich diese Entscheidung nicht ge-troffen.« Wir sprechen in diesen Fällen von der Geis-tesstärke. Wir haben nicht auf unser inneres Selbst, auf unsere Seele oder auf unser Schutzengelgebet gehört. Wir alle sollten dieses Gebet hin und wieder sprechen, damit wir die Kraft haben zuzuhören.

### Schlafgebet

*Mein liebster Schutzengel,*

*es ist an der Zeit, dass du mich in einen Schlummer*
*versetzt, damit ich schlafe.*

*Lege deine Arme und Flügel fest um mich*
*und schließe meine Augen*
*mit dem Licht deiner Fingerspitzen.*

*Während ich schlafe, wache über mich und*
*beschütze mich.*

*Wenn ich am Morgen aufwache,*
*hilf mir, dass ich mich gut und erfrischt fühle,*
*mein liebevoller Schutzengel.*

*Amen.*

Dieses Gebet können Sie kurz vor dem Zubettgehen zu Ihrem Schutzengel sprechen. Vielleicht liegen Sie auch bereits zugedeckt im Bett, haben bereits Ihre Gebete gesprochen, aber Sie wälzen sich hin und her und können nicht schlafen.

Vergessen Sie nicht, um Hilfe zu bitten, wenn Sie Probleme haben, abends einzuschlafen. Schließen Sie einfach die Augen und versuchen Sie, sich zu entspannen. Lassen Sie sich von Ihrem Schutzengel helfen, in einen tiefen Schlaf zu fallen. Vertrauen Sie darauf und glauben Sie daran, dass Ihr Schutzengel Ihnen helfen kann.

**Gebet dafür, ein Botschafter zu sein**

*Mein Schutzengel,*
*hilf mir, ein Botschafter für andere zu sein.*
*Wenn du, mein Schutzengel,*
*mir etwas ins Ohr flüsterst*
*oder wenn die Seele eines Angehörigen,*
*die du mir zur Seite gestellt hast, mich auffordert,*
*etwas zu tun, höre ich meistens nicht darauf,*
*aber du hast zu mir gesagt: »Hab keine Angst.«*
*Danke, mein Schutzengel, dass du mir hilfst.*
*Amen.*

Mit diesem wunderschönen Gebet können Sie Ihren Schutzengel bitten, Sie dabei zu unterstützen, ein Botschafter für andere zu sein und keine Angst davor zu haben. Manchmal überkommen uns seltsame Gefühle, und wir verspüren den Drang, etwas zu tun, was wir normalerweise wahrscheinlich nicht tun würden. Vielleicht möchten wir einem fremden Menschen ein Lächeln schenken oder ein Gespräch mit jemandem anfangen. In solchen Situationen setzen die Engel oder die Seelen unserer Angehörigen uns als Botschafter ein, um anderen zu helfen.

Manchmal kommt Ihnen ein Gedanke in den Sinn, der von Ihrem Schutzengel oder von der Seele eines Angehörigen stammt, die Ihr Schutzengel zu Ihnen geschickt hat. Auf diese Weise fordern diese Sie auf, etwas zu sagen. Vielleicht meinen Sie, es wäre albern von Ihnen, aber so sollten Sie nicht denken. Sagen

Sie es einfach. Denken Sie jedoch daran, nie etwas Verletzendes zu äußern, denn das stammt nicht von Ihrem Schutzengel oder der Seele eines Angehörigen.

Wir alle brauchen solche Botschaften in unserem Leben, da sie uns Hoffnung schenken. Mit diesem Gebet bitten Sie Ihren Schutzengel, Ihnen zu helfen, ein solcher Botschafter zu sein und jemandem Hoffnung zu schenken, und hoffentlich wird ein anderer Mensch eines Tages – wenn Sie eine Botschaft brauchen – etwas zu Ihnen sagen, das Ihr Herz berührt, sodass Sie verstehen, was es bedeutet. Vielleicht sind es nur zwei Worte, die Sie zum Lächeln bringen. Für die Person, die diese Worte in dem Moment zu Ihnen sagt, haben sie vielleicht keinerlei Bedeutung, aber Sie empfangen die Botschaft. Deshalb ist es so wichtig, auf Ihren Schutzengel zu hören.

Wenn Sie dazu aufgefordert werden, etwas zu tun, was Sie normalerweise nicht tun würden, sollten Sie dieser Aufforderung folgen, egal ob Sie jemandem in einem Café ein Lächeln schenken oder ob Sie Hallo zu jemandem sagen sollen, der in Ihrer Nähe sitzt. Sie könnten zum Beispiel sagen: »Hallo, was für ein schöner Tag heute doch ist, nicht wahr?« Beginnen Sie eine Unterhaltung mit dem Menschen oder lassen Sie sich auf ein Gespräch ein, wenn jemand Sie anspricht.

Es kann sein, dass dieser Mensch von seinem Schutzengel oder einem Angehörigen dazu aufgefordert wurde, die Botschaft aber nicht für Sie bestimmt ist. Möglicherweise ist es an Ihnen, diesem Menschen mithilfe Ihrer liebevollen oder freundlichen Worte eine bestimmte Botschaft zu übermitteln. Bitten Sie Ihren Schutzengel daher darum, Ihnen dabei zu helfen, ein Botschafter zu sein.

**Gebet, damit jemand mich liebt**

*Niemand liebt mich,*
*mein Schutzengel.*
*Ich weiß, dass du mich liebst,*
*und ich danke dir für deine Liebe.*
*Ich weiß, sie ist bedingungslos,*
*aber ich brauche auch menschliche Liebe.*
*Ich habe das Gefühl, dass niemand mich liebt.*
*Ich brauche einfach jemanden, der mir sagt, dass er*
*    mich liebt.*
*Ich brauche einfach menschliche Arme um mich*
*    herum,*
*die menschliche Berührung der Liebe.*
*Lass heute jemanden zu mir sagen, dass er mich*
*    liebt, selbst wenn es ein Fremder ist.*
*Danke,*
*mein Schutzengel, dass du mich liebst.*
*Amen.*

Dies ist ein sehr schönes und besonderes Gebet. Zwar sind das eigentlich alle Gebete, aber ich begegne auf der ganzen Welt so vielen Menschen in jedem

Alter, die mir sagen, dass keiner sie liebt. Es bricht mir das Herz.

Natürlich sage ich ihnen, dass ihr Schutzengel sie liebt. Und ich sage ihnen, dass auch ich sie liebe. Ich umarme sie, und häufig weinen sie, Männer, Frauen und Kinder. Sie erzählen mir, niemand habe ihnen je gesagt, dass er sie liebe. Vergessen Sie daher nicht, den Menschen in Ihrem Leben zu sagen, dass Sie sie lieben.

Bemühen Sie sich auch darum, Fremde zu lieben. Mir ist klar, dass ich die Menschen dazu auffordere, zu jedem zu sagen: »Ich liebe dich.« Wir sollten es aus vollem Herzen sagen. Wir alle sollten einander lieben. Wir sollten uns das mitteilen, und wir sollten nichts als Liebe und Mitgefühl im Herzen haben.

Der Mensch, neben dem Sie im Zug oder Bus sitzen oder der auf der Straße an Ihnen vorübergeht, hat vielleicht das Gefühl, dass niemand ihn liebt. Das sollten Sie sich bewusst machen. Stellen Sie sich vor, wie es sich anfühlen würde, wenn Sie glauben würden, dass kein Mensch auf der Welt Sie liebt oder sich auf irgendeine Weise für Sie interessiert, als wären Sie nur ein Stück Dreck auf dem Boden. Niemand sollte sich so allein oder so isoliert fühlen. Wir sollten uns alle miteinander verbunden fühlen, weil wir alle Gottes Kinder sind. Wir sind alle gleich und ebenbürtig. Wir alle brauchen Liebe. Wir alle brauchen die Gewissheit, dass jemand uns liebt.

Wenn Sie das Gefühl haben, niemand würde Sie lieben, möchte ich Sie einfach daran erinnern, dass

ich Sie liebe, obwohl ich Sie nicht kenne. Ihr Schutzengel liebt Sie ebenfalls. Er ist ständig bei Ihnen und
hält Sie fest.


**Gebet, um das Leben voll auszuschöpfen**

*Mein Schutzengel, bitte ersuche*
*meinen himmlischen Vater darum, mir den Mut*
    *einzuflößen,*
*keine Angst vor dem Leben zu haben, sondern es*
    *stattdessen zu leben,*
*den Berg zu erklimmen, auf dem Gipfel zu stehen*
    *und dort zu juchzen und zu jubeln,*
*zu schwimmen, zu tanzen und zu singen,*
*zu lieben und geliebt zu werden,*
*still und ruhig zu sein und zuzuhören,*
*die Gewissheit zu haben, dass mein himmlischer*
    *Vater bei mir ist,*
*und dass du, mein Schutzengel, mich sicher*
    *festhältst,*
*während ich lerne, zu leben und das Leben zu*
    *genießen.*
*Danke, mein Schutzengel, dass du immer bei mir*
    *bist.*
*Amen.*


Dies ist ein einfaches Gebet darüber, keine Angst vor
dem Leben zu haben und jeden Tag so zu leben, als
wäre es unser letzter. Es geht darum, all die einfa-

chen täglichen Dinge zu tun und sie gleichzeitig zu genießen. Manche davon werden in dem Gebet angesprochen, aber sicherlich gibt es noch viel mehr.

Ihr Schutzengel möchte, dass ich Sie daran erinnere, jeden Moment auszukosten und all die Dinge zu tun, die Sie tun möchten, egal ob Sie zum Joggen gehen oder zum Schwimmen, ob Sie sich mit einem Freund verabreden oder spazieren gehen. Das Leben ist so wertvoll, und wir dürfen es nie für selbstverständlich halten. Obwohl es traurig ist, daran zu denken, werden wir eines Tages nach Hause in den Himmel zurückkehren. Daher sollten wir dafür sorgen, dass wir schöne Erinnerungen haben. Wir möchten, dass unsere Kinder und Angehörigen uns als einen glücklichen und unbeschwerten Menschen in Erinnerung behalten, fürsorglich und voller Liebe, als jemanden, der sich selbst dazu angetrieben hat, das Leben zur Gänze auszuschöpfen.

## Kapitel 17

# Wenn man sich ungeliebt fühlt

**Gebet, um Liebe für eine Mutter zu empfinden, die ich nie kennengelernt habe**

*Mein Gott,*
*ich danke Dir für die Mutter, die ich nie*
*    kennengelernt habe.*
*Danke, Gott,*
*dass Du auf meine Mutter achtgegeben hast,*
*als sie mich in ihrem Bauch getragen hat.*
*Ich weiß, dass sie mich geliebt haben muss,*
*    weil ich sie geliebt habe.*
*Ich habe sie als Mutter ausgewählt,*
*obwohl ich wusste, dass sie vielleicht nicht*
*    in der Lage sein würde,*
*sich um mich zu kümmern.*
*Ich danke Dir, Gott,*
*dass sie mich geboren*

*und zur Adoption freigegeben hat,*
*sodass ich von einer anderen Mutter geliebt,*
*umsorgt und geschätzt werden konnte.*
*Mein Gott, danke für meine neue Mutter,*
*die ich innig liebe und die mir alles bedeutet.*
*Sie ist meine Mutter.*
*Danke, Gott, für die Mutter, die ich nie*
*kennengelernt habe.*
*Amen.*

Die meisten leiblichen Mütter, die ihr Kind weggeben, tun das, weil sie Liebe für ihr Kind empfinden. Sie wissen, dass sie sich nicht selbst um ihr Baby kümmern können.

Es gibt sehr viele Gründe, warum eine Mutter ihr Kind zur Adoption freigibt. Möglicherweise ist sie arm oder befürchtet, selbst nicht in der Lage zu sein, für ihr Kind zu sorgen. Solche Mütter tun fast immer das, was ihrer Meinung nach das Beste für ihr Baby ist. Ich weiß, dass es ihnen das Herz zerreißt. Manche leiblichen Mütter haben gar keine Wahl, ob sie ihr Kind weggeben oder nicht.

Ohne Ihre leibliche Mutter wären Sie nicht hier. Das sollten Sie sich bewusst machen. Sie haben sie dazu auserkoren, Ihre Mutter zu sein, obwohl Sie zu der Zeit, als Ihre Seele vor Ihrer Empfängnis im Himmel war, alle ihre Umstände kannten und wussten, dass die Möglichkeit bestand, von ihr zur Adoption freigegeben zu werden.

## Gebet um Mutterliebe

*Mein liebster Schutzengel,*
*bitte sage Gott, dass ich meine Mutter vermisse.*
*Er hat sie bei meiner Geburt nach Hause in den*
*    Himmel geholt.*
*Sie hat mich nie in ihren Armen gehalten.*
*Sag Gott Danke von mir,*
*weil ich weiß, dass die Seele meiner Mutter bei mir*
*    ist,*
*weil ich ihre Liebe spüre.*
*Mein Schutzengel, bitte sag meiner Mutter, dass ich*
*    sie vermisse.*
*Danke, Gott und mein Schutzengel, dass ihr mir*
*    erlaubt,*
*die Liebe meiner Mutter zu spüren.*
*Amen.*

Dies ist ein Gebet für diejenigen, die ihre Mutter bei der Geburt oder kurz danach verloren haben und sie nie kennengelernt haben. Es ist ein Gebet für diejenigen, die sich stets danach sehnen, dass ihre Mutter sie in den Armen hält.

Ich erinnere mich an die Begegnung mit einem jungen Mann, der mir erzählte, wie sehr er es immer vermisst habe, von seiner Mutter in den Armen gewiegt zu werden. Ich fragte ihn nach dem Grund dafür, und er antwortete mir: »Meine Mutter starb, als sie mich zur Welt brachte. Sie hat mich nie in ihren Armen gehalten, und bis zum heutigen Tag sehne ich mich danach. Wenn ich einmal heirate und eigene Kinder habe, werde ich viel mit ihnen kuscheln und ihnen viel Liebe entgegenbringen, das weiß ich. Jedes Mal, wenn ich ein Baby oder ein kleines Kind in den Armen seiner Mutter sehe, ist es, als würde ich für eine Sekunde zum Kind werden, und dann möchte ich in den Armen meiner Mutter gehalten werden. Ich spüre stets die Präsenz von ihr.«

Ich wusste, dass seine Mutter auf ihn achtgab, und dankte Gott dafür.

### Gebet für Menschen, die sich nicht von ihren Eltern geliebt fühlen

*Mein Gott,*

*ich habe mich von meinen Eltern überhaupt nicht geliebt gefühlt.*

*Sie haben mir keine Liebe gezeigt.*

*Bis heute belastet mich das, mein Gott.*

*Ich habe Dich in meinem Schmerz stets angerufen, mein Gott,*

*und Dich gefragt, wie Du zulassen konntest,*

*dass meine Eltern mir keine Zuneigung entgegengebracht haben.*

*Gott, ich beschließe nun, meine Eltern zu lieben,*

*obwohl sie mich nicht lieben.*

*Ich werde ihnen meine Liebe zeigen.*

*Ich werde ihnen sagen, dass ich sie liebe, und sie umarmen.*

*Selbst wenn sie mich fortstoßen. Es ist mir egal,*

*weil ich weiß, Gott, dass sie eines Tages*
*sagen könnten, wir lieben dich auch.*
*Und das wird der glücklichste Tag meines Lebens*
   *sein.*
*Aber wenn es nicht geschieht,*
*ist es in Ordnung, mein Gott.*
*Ich habe die Wahl, meine Eltern zu lieben.*
*Danke, mein Gott.*
*Amen.*

Millionen von Menschen auf der Welt fühlen sich von ihren Eltern nicht geliebt, und wenn das auch auf Sie zutrifft, ist dieses Gebet für Sie gedacht. Sie können für sich den Entschluss fassen, Ihre Eltern zu lieben, egal ob diese Sie lieben oder nicht. Vielleicht wissen Ihre Eltern nicht, wie man liebt. Vielleicht sind sie innerlich zu verbittert. Vielleicht haben sie Angst davor, es zu sagen, aber Sie sollten sich daran erinnern, dass Sie die Wahl haben, Ihren Eltern zu sagen, dass Sie sie lieben, und es ihnen zeigen.

Sie können das mit kleinen Dingen tun. Es liegt bei Ihnen. Sie müssen das Gefühl, nicht von Ihren Eltern geliebt zu werden, nicht ständig zulassen. Sie können ihnen Liebe entgegenbringen, und es besteht stets die Hoffnung, dass Ihr Vater oder Ihre Mutter eines Tages zu Ihnen sagen wird: Ich liebe dich auch. Wenn Ihre Eltern tot sind, können Sie diese auf eine spirituelle Weise umarmen und ihnen immer noch sagen, dass Sie sie lieben.

### Gebet, um inneren Frieden zu finden

*Lieber Schutzengel, hilf mir,*

*einen Weg zu finden, um in meinem Herzen bei Gott*
  *zu sein,*

*anstatt ständig mit mir selbst im Konflikt zu sein*

*aufgrund des Lebens, das ich geführt habe.*

*Ich möchte Gottes Liebe spüren anstatt dieser*
  *enormen Schuld.*

*Hilf mir, diesen Frieden in mir zu finden*

*sowie Gottes Liebe,*

*denn ohne sie habe ich keine Hoffnung,*

*mein Schutzengel.*

*Amen.*

Hier geht es um den Wunsch, ein altes Leben hinter sich zu lassen, das nicht gut war. Vielleicht hat der Betreffende schlechte Dinge getan und möchte nun sein Leben verändern. Vor allem aber wendet er sich an Gott wegen seiner Schuldgefühle bezüglich der Vergangenheit. Er befürchtet, dass Gott ihn verurteilt.

Gott verurteilt uns nie, aber manchmal haben wir dieses Gefühl. Wenn es Ihnen aufgrund von Schuldgefühlen sehr schwerfällt, Gottes Liebe zu spüren, bitten Sie in diesem Gebet Ihren Schutzengel, Ihnen zu helfen, Gott näherzukommen, Seine Liebe zu spüren und Frieden in Ihrem Inneren erleben zu können.

Wenn Sie Yoga machen oder im Gebet meditieren, oder wenn Sie einen ruhigen Platz finden, um in die

Stille zu gehen, dann können Sie zuhören und sich vom Frieden und der Liebe Gottes durchdringen lassen. Allmählich werden Sie die Unsicherheit verlieren und Ruhe und Kraft im Inneren finden, Sie werden sich selbst lieben und glücklich sein. Schenken Sie sich daher jeden Tag ein paar Minuten, in denen Sie Yoga machen oder im Gebet meditieren, um ganz bei sich selbst zu sein – gemeinsam mit Ihrem Schutzengel.

Sie brauchen einen Raum der Ruhe, um zuzuhören oder um zu tanzen oder zu singen. Sie können natürlich auch an einem Fluss spazieren gehen. Egal, welchen Ort Sie für sich aufsuchen müssen, Gott verurteilt Sie nicht für die Art und Weise, wie Sie Ihr Leben gestaltet haben. Er weiß, dass Sie sich verändern, Ihm näher kommen und Seine Liebe spüren möchten.

### Gebet zu Gott für ein bisschen Hilfe

*Lieber Gott,*
*erneut muss ich Dich bitten,*
*mein Gott, bitte vergib mir,*
*dass ich Dich mit diesem Anliegen behellige.*
*Könntest Du mir vielleicht nur genug Geld schicken,*
*damit ich die Rechnungen bezahlen kann, Gott?*
*Egal wie hart ich arbeite, ich gerate finanziell immer*
*    wieder in Verzug,*
*und deshalb bin ich so gestresst.*
*Ich danke Dir, Gott, für alles, was Du für mich getan*
*    hast.*
*Amen.*

Die meisten Menschen geraten irgendwann finanziell unter Druck. Entweder verlieren sie ihren Job, oder die Rechnungen stapeln sich. Möglicherweise gab es einen Notfall in der Familie. Das Geld wurde anderweitig ausgegeben, und keine der Rechnungen wurde bezahlt. Das ist eine sehr stressige Zeit für jeden. Daher wendet man sich mit diesem Gebet an Gott um Hilfe.

Wenn Ihnen ein solcher Gedanke in den Sinn kommt, sollten Sie um Hilfe bitten. Möglicherweise haben Sie einen Anspruch auf bestimmte finanzielle Mittel, mit denen Sie zumindest ein paar der Rechnungen bezahlen können. So stehen Sie weniger unter Druck und können wieder auf die Füße kommen.

**Gebet zu Gott mit der Bitte um Vergebung**
*Mein Gott, bitte vergib mir.*
*Ich versuche ständig, Dich zu täuschen.*
*Ich lüge Dich die ganze Zeit an,*
*dennoch weiß ich, dass Du mich liebst, obwohl ich*
*    so unehrlich war.*
*Gott, bitte hilf mir auch weiterhin.*
*Amen.*

Dieses kurze Gebet kommt von Herzen. Sie sind sich darüber im Klaren, dass Gott Sie trotz allem liebt und weiß, dass Sie sich nach Kräften bemühen. Deshalb können Sie auch darauf vertrauen, dass Er Ihnen weiterhin helfen wird.

### Gebet für meine Kinder

*Mein Herr und mein Gott,*
*bitte vergib mir all meine Fehler.*
*Ich fühle mich unwürdig, Dich um einen Gefallen zu*
*    bitten,*
*aber für meine Kinder bitte ich Dich, mein Gott,*
*um ein Heim, um etwas zu essen und um eine gute*
*    Schule*
*sowie um ihr emotionales Wohlergehen und dass*
*    sie gesund bleiben mögen und beschützt sind.*
*Bitte hilf mir auch weiterhin, mein Gott.*
*Amen.*

Ich würde sagen, dass dieses Gebet von allen Eltern auf der ganzen Welt stammen könnte, die sich hilfesuchend an Gott wenden, und das wahrscheinlich viele Male im Verlauf eines Jahres. Zunächst sagt die Mutter oder der Vater zu Gott, dass es ihr bzw. ihm gar nicht zustehe, Gott um einen Gefallen zu bitten. Doch sie oder er tut es dennoch, da Eltern daran gelegen ist, dass die Kinder ein Heim, Nahrung, eine gute Schule, emotionales Wohlergehen sowie Gesundheit und Sicherheit haben. Und schließlich bitten sie Gott darum, ihnen weiterhin zu helfen.

Gott will nicht, dass Sie oder jemand anderer sich in irgendeiner Weise unwürdig fühlen. Sie tun, was Sie können, um ein möglichst guter Vater, eine möglichst gute Mutter zu sein, und das verleiht Ihnen Würde. Ich weiß, dass Gott Ihnen von oben zulächelt, obwohl Sie meinen, es stünde Ihnen nicht zu, Gott um etwas zu bitten. Sie sind Gottes Kind. Denken Sie, Gott würde Sie ignorieren? Das würde er nicht tun. Gott hört Sie und kümmert sich um Ihre Bedürfnisse. Manchmal mögen Sie das Gefühl haben, dass Sie nicht zufrieden mit dem sind, was Gottes Meinung nach das Beste für Sie ist. Aber Gott schenkt uns stets, was gut für uns ist, selbst wenn wir es nicht immer erkennen können.

### Gebet um Schutz meines Herzens
*Mein Schutzengel,*
*schütze mein Herz.*
*Beschütze mich, damit ich stets Liebe und Mitgefühl sowie Hoffnung in meinem Herzen bewahren kann, sodass ich voller Liebe strahle.*
*Danke, mein Schutzengel.*
*Amen.*

Ein kleines, feines Gebet, das letztendlich darauf abzielt, dass Sie selbst mit dem Licht der Liebe strahlen.

### Gebet, um die wichtigen Dinge zu erkennen
*Mein Schutzengel,*
*hilf mir zu erkennen und mir bewusst zu machen,*
*dass manchmal die kleinen Dinge in meinem Leben die wichtigsten sind.*

*Lass nicht zu, dass ich sie übersehe,*
*damit ich die wertvollsten Dinge in meinem Leben*
  *nicht verpasse.*
*Danke, dass du mir hilfst, mein Schutzengel.*
*Amen.*

Es sind oft die kleinen Dinge, die das Leben ausma-
chen. Wenn Sie sie zu schätzen wissen, werden Sie
mehr lächeln und lachen. Sie schenken anderen mehr
Liebe, weil Sie sich selbst lieben. Doch manchmal
sind wir uns der Bedeutung nicht bewusst, die diese
kleinen Dinge haben. Deshalb können Sie sich mit
diesem Gebet an Ihren Schutzengel wenden, damit
er Sie immer wieder daran erinnert, dass Sie diese
vermeintlichen Kleinigkeiten nicht übersehen, sondern sie vielmehr genießen.

Warten Sie nicht, bis etwas Trauriges in Ihrem Leben geschieht, um zu begreifen, was das Wertvollste
ist: Ihre Angehörigen und andere Menschen, die in
Ihr Leben kommen und die Sie ebenfalls lieben. Es
sind nicht die materiellen Dinge. Es sind Dinge wie
der Sonnenschein, der Regen, die Kälte, der Wind,
das Lächeln, das Lachen, vor Freude in die Luft zu
springen, geliebt zu werden.

**Gebet bei gebrochenem Herzen**

*Mein liebster Schutzengel,*

*sag Gott, dass mir das Herz gebrochen*
*wurde.*

*Es wurde zerrissen.*

*Nun fühle ich mich verloren und sehr*
*verletzt.*

*Ich brauche das Licht der Liebe, das wieder*
*in meinem Herzen leuchtet,*

*sowie den Mut und die Kraft, nun weiterzu-*
*machen und*

*mit deiner Hilfe wieder Liebe zu finden.*

*Danke, dass du mir hilfst, mein Schutzengel.*

*Amen.*

Wenn zwei Menschen sich entzweit oder getrennt haben, wenn Ihr Partner sich von Ihnen verabschiedet, ist es ein Schock herauszufinden, dass er Sie nicht mehr liebt, egal ob Sie ein Mann oder eine Frau sind.

Mit diesem Gebet bitten Sie Ihren Schutzengel, Gott von Ihrem gebrochenen Herzen zu berichten und Ihm zu sagen, wie leidvoll das ist. Sie wünschen sich so sehr, dass das Licht der Liebe wieder in Ihrem Herzen leuchten möge. Auf dem weiteren Weg geht es auch darum, die geliebte Person loszulassen und ihr das Beste zu wünschen, weil Sie sie geliebt haben.

Liebe ist Liebe, und sie ist sehr besonders, egal ob sie nur eine kurze Weile oder für lange Zeit währt.

Wir alle schätzen die Liebe und suchen danach. Sie wird wieder in Ihr Leben kommen. Gehen Sie freundlich und behutsam mit sich um. Ihr Schutzengel wird Ihnen helfen, eine neue Liebe und Heilung zu finden.

## Kapitel 18

## Die Kraft des Gebets

**Gebet für den Engel der Hoffnung, den ich in meinem Leben brauche**

*Lieber Gott,*

*bitte lass den Engel der Hoffnung in meinem Leben bleiben.*

*Erlaube mir, immer den Lichtstrahl zu sehen.*

*Lass nie zu, dass das Licht der Hoffnung ausgeht.*

*Mein Gott, lass den Engel der Hoffnung mir stets zuwinken,*

*um mich aufzufordern, Deinem Licht der Hoffnung zu folgen,*

*und um mir die Kraft und den Mut zu verleihen, die ich in meinem Leben brauche, doch vor allem die Liebe.*

*Danke, mein Gott,*

*Amen.*

Wir alle brauchen den Engel der Hoffnung in unserem Leben. Das ist einer von mehreren Gründen, weshalb ich dieses Gebet so liebe. Durch den Engel der Hoffnung wissen wir, dass die Hoffnung das Unmögliche möglich macht. Er ist ein sehr großer Engel. Da ist eine riesige Flamme aus Licht, das nie ausgeht, und in diesem Licht sehe ich diesen imposanten Engel. Mir wird eine undeutliche menschliche Erscheinung gezeigt. Sie ist männlich und hat eine wunderschöne smaragdgrüne Farbe. Der Engel der Hoffnung hält eine große Fackel – so etwas wie das olympische Feuer.

Das Strahlen des Engels der Hoffnung sieht anders aus als bei anderen Engeln. Ich glaube, es liegt daran, dass es ein Engel innerhalb eines Lichts ist, innerhalb der Flamme der Hoffnung, die uns eben zeigt, dass das Unmögliche möglich ist.

Viele Male in der Geschichte der Menschheit wurde versucht, Hoffnungen zunichtezumachen, um die Kontrolle über die Menschen zu haben, aber Gott lässt den Engel der Hoffnung auf der Welt sein, diesen besonderen, wunderbaren Engel. Es gibt nur einen Engel der Hoffnung, aber er ist für jeden Einzelnen von uns da.

**Gebet, um die Kraft des Gebets zu erfahren**
*Danke, Gott,*
*dass Du mir die Kraft des Gebets in meinem Leben*
*zeigst.*

*Du hast das sehr häufig für mich getan.*
*Ich danke Dir, mein Gott und all Deinen Engeln, eine*
*Million Mal.*
*Amen.*

Sich einfach einmal dafür zu bedanken im Wissen, dass man bestimmte Momente nicht überstanden hätte, wären da nicht die Kraft des Gebets gewesen sowie Vertrauen und Glauben – dafür ist dieses Gebet da.

Die Kraft des Gebets kann auf unterschiedliche Weise demonstriert werden. Die bekanntesten Beispiele sind wahrscheinlich Heilungen oder wenn jemand eine Prüfung besteht oder wenn eine Beziehung wieder gekittet wird.

**Gebet für den Heiligen Geist**
*Ewiger Gott,*
*ich danke Dir für jeden Tag,*
*dafür, dass Du den Heiligen Geist schickst, um die*
*Hostie zu durchdringen – das Brot des Lebens,*
*um sie mit Gottes Gnade zu erfüllen*
*auf der ganzen Welt.*
*Ich liebe Dich, mein Gott.*
*Amen.*

Beim letzten Abendmahl hat Jesus das Brot des Lebens mit seinen Jüngern geteilt. Wir gehören alle zu seiner Familie. Es ist ein unglaubliches Wunder, das bis zum heutigen Tag bei jeder Messe stattfindet. Wenn der Priester die Hostie in die Höhe hält, scheint ein riesiger Engel durch seinen Körper hindurchzukommen, der die Hostie gleichzeitig mit dem Priester erhöht. Dann bringt dieser Engel die Hostie blitzartig zum Himmel. Es ist wunderbar, das zu sehen. In dem Moment, in dem der Engel die Hostie zum Himmel hinaufträgt, begegnet er auf halbem Weg dem Licht des Heiligen Geistes, der auf die Hostie herabkommt und sie mit Gottes Gnade der Liebe erfüllt.

**Gebet um Freude in meinem Leben**
*Bitte, Gott,*
*nimm diese Wolke der Dunkelheit fort.*
*Lass Dein Licht auf mich herableuchten.*
*Sende Deine Engel, um mir zu helfen.*
*Schenke mir Mut und Kraft,*
*damit ich wieder Freude in meinem Leben spüren*
    *kann.*
*Amen.*

**Gebet, um ganz ich selbst zu sein**
*Mein Schutzengel,*
*hilf mir, wahrlich ich selbst zu sein,*
*so wie ich es am Tag meiner Geburt war,*

*nicht befleckt von der Welt,*
*voller Potenzial, so wie ich es Gottes Wunsch*
*zufolge sein soll.*
*Schenke mir den Mut und die Kraft,*
*denn ich weiß, ich kann wahrlich ich selbst sein,*
*mit deiner Hilfe, mein Schutzengel.*
*Amen.*

Am Tag Ihrer Geburt waren Sie von reiner Liebe erfüllt und nicht von der Welt befleckt. Alles an Möglichkeiten der Güte war in Ihnen enthalten. Erlauben Sie sich, sich selbst zu lieben und das Leben mit all seinen Höhen und Tiefen zu leben, und ehren Sie es, indem Sie ganz Sie selbst sind. Dabei hilft Ihnen dieses Gebet.

### Gebet über die Liebe zu uns selbst
*Ich bin demütig vor Dir, mein Gott, weil ich weiß,*
*dass ich reine Liebe bin.*
*Es gibt niemand anderen auf der Welt wie mich.*
*Es ist in Ordnung, mich selbst zu lieben.*
*Ich habe Liebe verdient.*
*Ich beschließe, mich selbst mehr zu lieben.*
*Die Liebe ist in großer Fülle in meinem Leben*
*vorhanden.*
*Ich liebe mich selbst.*
*Danke für meine Seele, mein Gott.*
*Amen.*

Dieses Gebet soll Sie daran erinnern, was Sie bereits wissen – dass Sie aufgrund Ihrer Seele reine Liebe sind. Sie sind in der Lage, sehr viel Liebe in die Welt zu bringen, indem Sie sich selbst einfach mehr lieben. Es macht Sie weder habgierig noch egoistisch. Je mehr Sie sich lieben, desto mehr Liebe können Sie auch in die Welt bringen. Das Gebet begleitet Sie auf diesem Weg.

**Gebet, um das Geschenk der Liebe zu erkennen**
*Lieber Gott,*
*bitte hilf mir,*
*das wertvollste Geschenk zu erkennen,*
*das Du mir gegeben hast,*
*das Geschenk der Liebe,*
*die mit meiner Seele verbunden ist.*
*Amen.*

Mit diesem Gebet bitten Sie Gott um Unterstützung, dieses Geschenk überhaupt zu erkennen. Wie Sie wissen, ist Ihre Seele, der Lichtfunke Gottes, ein Teil von Ihm. Sie kann nie auf irgendeine Weise beschmutzt oder zerstört werden. Die Liebe kann nicht gemindert werden. Sie ist im Übermaß vorhanden. Ihre Seele ist in Verbindung mit Gott. Gebete haben eine so große Kraft, weil die Liebe die überwältigendste Kraft auf der Welt ist. Sie kommt aus unserer Seele. Sie kommt aus dem Himmel.

Es ist die Liebe, die Glück und Freude in unser Leben bringt und uns stets in die richtige Richtung dirigiert. Es ist die Liebe, die das Leben lebenswert macht. Die Liebe bringt uns allen Frieden, Harmonie und Wohlwollen. Das Gebet ist eine liebevolle Handlung. Sie lassen die Liebe aus Ihrer Seele in die Welt hinausströmen, während Sie beten.

**Gebet, um mich selbst zu lieben**

*Mein Schutzengel,*
*sag Gott, dass ich deine Hilfe brauche.*
*Ich brauche deine Hilfe,*
*um mich bewusst dafür zu entscheiden, mein*
    *eigenes Leben zu lieben,*
*um mein Leben nicht länger zu hassen.*
*Hilf mir, die Liebe zum Leben erneut zu spüren.*
*Erinnere mich an die Dinge, die ich gern tue, mein*
    *Schutzengel.*
*Danke, dass du mir hilfst,*
*mein Schutzengel.*
*Amen.*

Wenn Sie Ihr Leben wieder ganz bewusst lieben wollen, dann können Sie mit diesem Gebet Ihren Schutzengel um Unterstützung bitten. Indem Sie das Gebet sprechen, haben Sie bereits damit begonnen, das Leben wieder zu lieben, und Sie sind schon dabei, die Gewohnheit zu überwinden, nicht richtig zu leben, und der Falle zu entkommen, in die Sie getappt sind. Sie möchten die Freuden in Ihrem Leben erkennen.

Zugleich ist dieses Gebet eine Erklärung an Ihren Schutzengel, dass Sie das schaffen können. Sie haben die Entscheidung bereits getroffen und wissen, dass Ihr Schutzengel Ihnen helfen wird. Jedes Mal, wenn Sie denken oder auch laut aussprechen: »Ich hasse mein Leben«, werden Sie das bewusst wahrnehmen. Dann werden Sie gleich zu sich selbst sagen: »Nein, das kann ich nicht mehr behaupten.« Und daraufhin werden Sie etwas tun, das Ihnen Spaß macht, um wieder zu beginnen, das Leben zu genießen.

Ihr Schutzengel glaubt an Sie, also glauben Sie ebenfalls an sich. Sie können es zuwege bringen. Sie können das Leben wieder genießen. Beginnen Sie zu lächeln und sagen Sie mit Liebe und Freude zu sich selbst: »Ich habe es geschafft.«

**Gebet, um »Ich liebe dich« zu sagen**
*Lieber Gott,*
*hilf mir, Gott, dass ich lerne, die Worte zu sagen*
*»Ich liebe dich«,*
*und dass diese Worte aus meinem Herzen*
*und meiner Seele hervorströmen.*
*Amen.*

Sie können dieses Gebet sprechen, um Gott darum zu bitten, dass Er Ihnen hilft, die Worte »Ich liebe dich« aus Ihrem Herzen und Ihrer Seele zu sprechen, aus jedem kleinsten Teil von sich. Sie bitten Gott, Ihnen dabei zu helfen, diese drei wertvollen Worte voller Reinheit zu all den Menschen zu sagen, die Sie lieben, sowie zu all denen, die in Zukunft in Ihr Leben kommen werden.

**Gebet für die Kinder der Welt**
*Lieber Gott und mein Schutzengel,*
*helft mir, den Kindern der Welt zu helfen,*
*auf welche Weise ich nur kann.*
*Ich habe nicht viel, aber ich bin bereit zu teilen.*
*Lasst Möglichkeiten auf mich zukommen*
*und lasst mich sie voller Liebe erkennen,*
*sodass ich dazu beitragen kann, den Kindern der*
  *Welt zu helfen.*
*Danke, mein Gott und mein Schutzengel.*
*Amen.*

Egal in welchem Teil der Welt die Kinder leben, um die es Ihnen in dem Gebet geht, oder aus welcher gesellschaftlichen Schicht sie stammen, welcher Religion sie angehören, ob sie arm sind oder ohne Bildung – sie brauchen Ihre Hilfe, unabhängig davon, wie wenig oder wie viel Sie selbst haben. Wenn wir Kinder oder irgendjemanden in Not unterstützen können, kann das eine große Bedeutung haben. Wenn Sie dieses Gebet sprechen, wird es Ihr Herz für die Problematik öffnen.

### Gebet, um aus reinem Herzen zu geben

*Herr Jesus,*
*bring mir stets bei,*
*aus reinem Herzen zu geben und nichts dafür zu*
*   erwarten.*
*Amen.*

Dieses Gebet wiederhole ich ständig, wieder und wieder. Für mich ist es einfach wunderschön. Wenn wir aus reinem Herzen geben, erwarten wir keine Gegenleistung. Jedes Mal, wenn Sie jemandem in irgendeiner Weise helfen, können Sie dieses Gebet für sich sprechen, um keinen Preis für Ihre Hilfe festzusetzen. Liebe kann man nicht bezahlen, sie hilft uns, gute Taten zu tun, unabhängig davon, wie groß oder bedeutungsvoll diese sind.

### Gebet um die Hilfe meines Schutzengels am heutigen Tag

*Hilf mir, mein Schutzengel,*
*das zu tun, wozu du mich heute aufforderst.*
*Das ist alles, worum ich dich heute bitte,*
*mein Schutzengel.*
*Amen.*

Auch dieses Gebet mag ich sehr, und ich muss lächeln, weil mein Schutzengel dicht bei mir ist, genauso wie der Ihre bei Ihnen ist. Mein Schutzengel hat mich aufgefordert: »Sag, was ich zu dir sage, Lorna. Wiederhole meine Worte.« Die Engel tun das bei diesen Gebeten die ganze Zeit. Sie bringen sie von Gott zu mir, aber dieses Gebet ist ganz besonders. Es ist für Sie alle von Ihren Schutzengeln. Ihr Schutzengel wird Sie nie dazu auffordern, etwas zu tun, was falsch ist oder einen anderen Menschen verletzt oder der Natur schadet. Danke, mein Schutzengel. Dieses Gebet hilft Ihnen, auf Ihren Schutzengel zu hören, sobald Sie aufwachen.

**Gebet um Unterstützung beim Beten**

*Erzengel Michael,*
*bitte hilf mir,*
*häufiger zu beten,*
*denn ich bete nicht genug.*
*Oft bin ich einfach faul*
*und kann mich nicht zum Beten aufraffen.*
*Hilf mir, mehr zu beten, Erzengel Michael.*
*Amen.*

Am Beginn gesteht man sich ein, dass man aus purer Bequemlichkeit nicht so oft betet, wie man das eigentlich gern hätte. Ich nehme an, das trifft auf die meisten von uns zu. Es empfiehlt sich, den Erzengel

Michael anzurufen, weil er für uns alle da ist. Er weiß, welche Kraft das Gebet hat.

Wir sollten uns auch bewusst machen, dass der Erzengel Michael am Thron Gottes sitzt. Wir alle haben eine besondere Beziehung zu ihm. Danke für dieses Gebet, Erzengel Michael.

Kapitel 19

## Das Herz öffnen und sich gegen das Böse wehren

**Gebet, um Böses fernzuhalten**

*Allmächtiger Gott, ich bitte Dich inständig, unser himmlischer Vater,*

*lege den Teufel in Ketten. Halte ihn davon ab, in unserem Herzen und unserem Geist zu sein.*

*Lass Deine Liebe seine Boshaftigkeit, seine Barbarei und seinen Schrecken zerstören.*

*Wann immer der Teufel in meinem Herzen und meinem Geist ist,*

*reiße ihn mit Deiner Liebe heraus, mein Gott.*

*Danke, mein ewiger Vater, mein Gott.*

*Amen.*

Am besten ist es, wenn das Böse gar nicht erst in Ihr Herz und Ihren Geist gelangt. Jedes Mal, wenn es sich doch hineinschleicht und dort sein Unwesen treibt, können Sie mit diesem Gebet Gott anrufen, damit er Sie dabei unterstützt, die Boshaftigkeit und den Zorn aus Ihrem Herzen und Ihrem Geist zu verbannen und stattdessen Liebe hineinzulassen. Sie möchten nicht böse werden oder etwas tun, was einen anderen Menschen verletzt. Wir alle sollten wissen, dass die Liebe den Hass besiegt.

**Gebet für die Öffnung von Herz und Geist**

*Mein Herr Jesus Christus, mein himmlischer*
*Vater,*
*ich bitte Dich inständig, die Herzen und den Geist*
*der Menschen zu öffnen,*
*damit sie Deine Worte der Liebe hören, die den*
*Hass besiegen und zerstören.*
*Deine Liebe, die Du uns allen geschenkt hast,*
*dieses ewige Licht der Liebe,*
*das der gesamten Menschheit Frieden und*
*Harmonie beschert.*
*Danke, mein Gott.*
*Amen.*

Im Grunde geht es in diesem Gebet einmal mehr über das Böse, das ich als Satan oder den Teufel bezeichne. Dieses Böse trägt in vielen Religionen und im Wandel der Zeit verschiedene Namen. Wenn der Teufel sich in unserem Geist und unserem Herzen niederlässt, erfüllt er uns mit Zorn und Hass, und wir sinnen auf Rache.

In der heutigen Welt sollten wir tatsächlich um Hilfe für diejenigen beten, die Zorn und Hass im Herzen haben, für diejenigen, die zulassen, dass der Teufel in ihrem Geist und ihrem Herzen frei agieren kann. Wir sollten ihnen durch Gebete sowie durch unser eigenes liebevolles und mitfühlendes Handeln helfen, diesen Hass zu zerstören, und sie mit Liebe erfüllen.

Nur das Gebet hat die Macht, das zu bewirken. Heutzutage gibt es sehr viel Terrorismus. Wir hören jeden Tag von terroristischen Akten gegen Männer, Frauen und Kinder. Wir dürfen nicht zulassen, dass diese schrecklichen Gewalttaten die Liebe in unseren eigenen Herzen zerstören. Wir dürfen dem Bösen nicht erlauben zu gewinnen. Daher dürfen wir Satan nicht erlauben, in unser Herz und unseren Geist zu gelangen, egal wie sehr wir leiden.

Mit diesem Gebet bitten wir um die Kraft und die Gnade, Satan in Schach zu halten, damit er angekettet bleibt und an den Ort gejagt wird, den wir als Hölle bezeichnen.

Es ist schmerzlich für mich, diese Worte zu sprechen. Ich spüre den Schmerz in meinem Herzen und in meiner Seele, weil ich Liebe empfinde und weiß, dass Gott Satan liebt und nie tun wollte, was Er schließlich tun musste. Ich spüre den Schmerz und das Leid, das Unser Herr und Gott empfindet. Es tut weh, weil ich weiß, dass es nicht so sein müsste.

Daher bete ich ständig für diejenigen, die von der anderen Seite beeinflusst werden, diejenigen, die Böses tun. Ich bete und bitte Gott für all diejenigen, die diese schrecklichen Taten des Terrors, des Krieges und des Bösen verüben, dass Gott ihnen vergeben möge.

Es ist mühselig, diesen Schmerz zu erfahren, und ich weiß nicht so recht, wie ich es in Worte fassen soll, aber es ist der Schmerz der Liebe. Allerdings ist es auch für diejenigen Liebe, die auf Satan hören und zulassen, dass der Teufel in ihrem Geist und in ihrem Herzen wütet, weil andere ihnen erzählen, dass die Terrorakte und die Kriegstaten aus Liebe geschähen. Aber das stimmt nicht.

Wenn Sie einen anderen Menschen verletzen oder dazu beitragen, unsere Welt zu zerstören, ist das keine Liebe, es hat nichts mit Gott zu tun, sondern es ist die andere Seite, deren Namen ich nicht gern erwähne, Satan. Ich spreche über ihn, weil ich in meinem Herzen so viele Qualen der Liebe für diejenigen empfinde, die diese schrecklichen Gewalttaten verüben. Und gleichzeitig leide ich so sehr mit denjenigen, die ihre Angehörigen verloren haben, die alles in ihrem Leben verloren haben. Es zerreißt mir das Herz.

Wir müssen uns im Gebet intensiv dafür einsetzen, dass Satan festgekettet bleibt, um ihn daran zu hindern, Unheil in unserem Geist anzurichten oder andere zu beeinflussen, die Gott als Waffe für ihre eigene Macht und ihren eigenen Ruhm benutzen. Sie wollen die Menschheit in Ketten legen, als Sklaven des Bösen, von Satan, um uns in der Dunkelheit zu halten.

Doch Gottes Liebe scheint hell. Sie ist das strahlende Licht, das uns allen Hoffnung schenkt, da wir wissen, dass wir diese Welt in einen kleinen Ausschnitt des Himmels verwandeln können – voller Liebe, Harmonie und Frieden für die gesamte Menschheit. Ich weiß, dass das Böse nicht gewinnen wird, weil die Welt voller Liebe ist und das Böse diese Liebe nicht zerstören kann, die Gott in den Herzen der Menschen jeder Generation immer wieder stärkt. Geben Sie diese Liebe Gottes daher an Ihre Kinder weiter, egal welche religiöse Überzeugung Sie haben oder ob Sie an Gott glauben oder nicht.

Die Liebe ist eine mächtige Kraft. Sie öffnet unseren Geist und unser Herz für Liebe und Frieden als Einheit. Lassen Sie das strahlende Licht der Hoffnung weiterbrennen. Das Gebet, die Liebe und die Hoffnung sind die größten Feinde derjenigen, die andere dazu bringen wollen zu glauben, es sei richtig, Böses zu tun. Das Licht der Hoffnung kann nie zum Erlöschen gebracht werden, weil Gott es uns beschert hat.

**Gebet um Frieden, Liebe und Harmonie**

*Mein Gott,*
*schenke uns*
*Liebe, Harmonie und Frieden für die*
    *gesamte Menschheit.*
*Amen.*

Dies ist ein einfaches Gebet, und es kommt von Herzen. Mit diesen paar Worten, diesen wenigen Gedanken im Geist bitten Sie um Liebe, Harmonie und Frieden nicht nur für einzelne Menschen, sondern für alle. Indem Sie dieses Gebet sprechen, tragen Sie Liebe, Harmonie und Frieden in die Welt hinaus. Das ist zugleich die Antwort auf die Frage, die man mir so häufig stellt: »Wie kann Beten die Welt verändern?«

Sprechen Sie dieses Gebet für jeden, ohne jegliche Einschränkung. Denken Sie nicht, irgendjemand hätte es aufgrund der Art und Weise, wie er lebt, nicht verdient. So etwas dürfen Sie nie tun, wenn Sie ein Gebet sprechen. Sie müssen es mit reinem Herzen sprechen. Und lassen Sie beim Beten zu, dass Ihre Seele zum Vorschein kommt.

Niemand muss wissen, dass Sie sich im Gebet befinden. Sie können überall beten, sogar in einem sehr lauten Raum oder bei einem Fußballspiel oder im Kino, mitten auf der Straße, neben einem Krankenhausbett oder in einer Gefängniszelle. Selbst wenn Sie jemanden im Arm halten, den Sie lieben, können Sie beten und um Schutz für ihn bitten. Es gibt keine Beschränkungen.

### Lobgebet

*Heiliger Gott, ich liebe Dich.*
*Ich preise und ehre Deinen heiligen Namen.*
*Ehre sei Dir, mein Gott, aus dem Himmel.*

*Ich verneige mich vor Dir, mein Gott, mit einem*
*offenen Herzen voller Liebe.*
*Ich preise Dich und liebe Dich für alle Ewigkeit.*
*Danke für Deine Liebe, mein Gott.*
*Amen.*

So können Sie Ihre persönliche Liebe zu Gott zum Ausdruck bringen. Sie können diese Liebe auf unterschiedlichste Weise zeigen: indem Sie das Leben voll ausschöpfen, indem Sie all die Segnungen und Geschenke genießen und schätzen, die Er Ihnen beschert, indem Sie sich erlauben, glücklich zu sein, und das Licht von Gottes Liebe weiterhin ausstrahlen – als Leuchtfeuer der Hoffnung für andere –, indem Sie freundlich und sanftmütig sind und Gottes Liebe auf der Welt durch Ihre Taten sichtbar machen.

**Gebet um Hilfe**
*Komm, Herr Jesus,*
*ich brauche jetzt Deine Hilfe. Ich bin verzweifelt.*
*Bitte hilf mir, die Arbeit zu erledigen,*
*die ich heute tun muss.*
*Amen.*

**Gebet zum Erzengel Michael**

*Erzengel Michael,*
*beschütze mich und führe mich mit deinem Schwert*
*und deinem Schild,*
*erhelle den Pfad meines Lebens, der vor mir liegt,*
*durch all meine Triumphe und Enttäuschungen.*
*Ich weiß, dass du da bist, Erzengel Michael,*
*wenn ich dich brauche, danke.*
*Amen.*

Mit diesem Gebet zum Erzengel Michael bringen Sie zum Ausdruck, dass Sie wissen, dass er da ist, wenn Sie ihn brauchen. Und Sie machen sich in Ihrem Inneren den Lebenspfad bewusst, der mit all seinen Aufs und Abs vor Ihnen liegt. Es ist ein Trost, dass Gott den Erzengel Michael in der Welt sein lässt – nicht nur für Sie, sondern für jeden Menschen.

**Gebet zum Erzengel Raphael**

*Erzengel Raphael, ich bitte dich*
*eindringlich,*
*Gott darum zu ersuchen, Seine Heilengel*
*auszusenden*
*an all die Orte auf der Welt, an denen Konflikte*
*herrschen, und Frieden zu bringen.*
*Wir brauchen deine Hilfe, Erzengel Raphael.*
*Bitte setze dich bei Gott dafür ein, dass*
*Er dich schickt.*

*Wir brauchen dich hier.*
*Danke,*
*Erzengel Raphael.*
*Amen.*

Wahrscheinlich ist der wichtigste Teil dieses Gebets die Bitte, all die Konflikte auf der Welt zu befrieden. Wir fordern den Erzengel Raphael auf sanfte Weise auf, Gott zu fragen, ob er uns zu Hilfe kommen darf, weil wir im Herzen spüren, dass wir den Erzengel Raphael brauchen.

### Gebet um Vergebung

*Gott,*
*bitte vergib mir all meine Unzulänglichkeiten,*
*all meine Verfehlungen.*
*Schenke mir die Gnade, all denen zu vergeben,*
*die mich verletzt haben.*
*Amen.*

Mit diesem Gebet teilen Sie Gott mit, dass Sie sich Ihrer Unzulänglichkeiten bewusst sind. Indem Sie Ihn um Vergebung bitten, bitten Sie Ihn gleichzeitig darum, Ihnen dabei zu helfen, sich selbst zu vergeben. Gott verurteilt Sie nicht. Die Versöhnlichkeit anderen Menschen gegenüber, die aus Ihnen hinausströmt, schenkt Ihnen den Raum, sich selbst zu vergeben und in Ihrem Leben nach vorn zu schauen.

Sie bringen auch zum Ausdruck, dass Sie anderen vergeben wollen, die Sie verletzt haben, wissend, dass Sie vielleicht anderen dasselbe angetan haben. Aber das möchten Sie jetzt nicht mehr tun. Sie möchten das überwinden. Sie wünschen sich, dass Gott Sie mit der Gnade der Liebe erfüllt sowie mit der Kraft, die es braucht, damit man es nicht mehr nötig hat, andere zu verletzen. So können Sie der gütige, freundliche und liebevolle Mensch sein, der Sie in Wirklichkeit sind.

### Gebet, damit meine Seele Gott näherkommen kann

*Mein glorreicher Gott,*
*ich bitte Dich, mich zu inspirieren, mich zu führen*
*    und zu leiten*
*auf meinem Weg, bei meiner Suche nach der*
*    Spiritualität in meinem Inneren –*
*nach meiner Seele. Ich möchte Dir näherkommen,*
*mein Gott, in jeder Weise.*
*Fördere meine Spiritualität, damit ich Dir näher*
*    kommen kann, mein Gott,*
*damit ich ein freundlicherer und liebevollerer*
*    Mensch werde.*
*Ich liebe Dich, mein Gott.*
*Amen.*

Mit diesem Gebet bitten Sie darum, dass Ihre Spiritualität sich weiterentwickelt. Ich bekomme zu dieser Thematik viele Anfragen. Ich glaube, Gott hat mir mehr als ein Gebet dazu geschenkt. Wir sollten uns nie davor scheuen, Gott darum zu bitten, unsere Spiritualität zu fördern, damit wir Gott selbst näherkommen können. Denn je näher wir Gott sind, desto liebevoller und anteilnehmender werden wir sein. Das Leben wird einfacher, wenn wir innerlich von Frieden erfüllt sind.

# Kapitel 20

## *Ein erfülltes Leben führen*

### Gebet um Hilfe

*Gott, bitte hilf mir jetzt.*
*Maria, meine Mutter, Königin des Himmels,*
*mein Schutzengel und all ihr Engel und all ihr*
*    himmlischen Heiligen,*
*ich brauche eure Hilfe. Bitte helft mir.*
*Danke für eure Hilfe.*
*Amen.*

Dieses Gebet mit seinem eindringlichen Ruf kommt aus der Tiefe des Herzens. Wir bitten Gott, die Engel, die Heiligen und Maria, Unsere Mutter, uns beizustehen. Selbst Menschen, die sich nicht als religiös bezeichnen, beten nicht selten in dieser Weise und schicken ein Stoßgebet zum Himmel.

### Gebet zu Jesus und Maria um Hilfe

*Jesus, Maria, bitte helft.*
*Verlasst uns nicht.*
*Jesus, Maria,*
*was geschieht? Helft uns.*
*Amen.*

Die Engel sagen mir, dass die Worte dieses Gebets in vielen Sprachen und von Menschen verschiedener Religionen auf der ganzen Welt gesprochen werden. Wenn etwas Schreckliches in unserem Leben passiert, verwenden wir diese Worte.

Ich kenne sie, seitdem ich ein Kind war und meine Großmutter sie auf diese Weise ausrief, als sie ihren Sohn bewusstlos auf dem Boden liegend vorfand. Die beiden waren von allen Engeln umgeben. Ich stand in einer Ecke und bat Gott im Gebet darum, es meinem Onkel wieder gut gehen zu lassen. Inmitten der Aufregung wurde mein Onkel rasch vom Arzt fortgebracht.

Als ich am nächsten Tag im Haus war, bereitete meine Großmutter eine Tasse Tee zu und bedankte sich bei allen für ihre Hilfe. Und dann sprach sie ein weiteres Gebet:

### Dankgebet

*Danke, Gott,*
*es geht ihm gut.*
*Amen.*

Ein Gebet kann sehr kurz sein und sogar nur ein einziges Wort umfassen. Wichtig ist, woher dieses Wort kommt. Dieses Gebet stammt aus dem Herzen und der Seele meiner Großmutter. Es wurde mit der reinen Liebe gesagt, die sie für ihren Sohn empfindet.

Aber natürlich kann man das Gebet für jeden sprechen, zum Beispiel für eine Familie, einen Freund oder eine Freundin, einen geliebten Menschen, einen Sohn, eine Tochter, einen Ehemann oder eine Ehefrau oder auch für Fremde.

### Gebet einer Mutter gegen Mobbing

*Gott, ich klopfe an Deine Tür.*
*Bitte lass mich nicht im Stich.*
*Bitte erhöre mein Gebet, mein Gott,*
*nicht meinetwegen, sondern meinem Kind zuliebe.*
*Es wird gemobbt.*
*Es hat schreckliche Angst und hört nicht auf zu*
*  weinen.*
*Mein Kind sagt, es wünschte, es wäre tot.*
*Bitte, Gott, hilf mir, die Menschen zu finden, die*
*  mein Kind unterstützen können,*
*bevor es zu spät ist.*
*Danke, mein Gott,*
*mein Schutzengel und alle Engel für eure Hilfe.*
*Amen.*

Gott hat uns viele Gebete wie dieses gegeben, die wir sprechen können. Es dient nicht nur Eltern oder Großeltern. Auch Freunde, Fremde und sogar Kinder können es einsetzen. Wir alle können dieses Gebet sprechen, weil es so viele Kinder auf der Welt gibt, die heutzutage gemobbt werden. Viele von ihnen empfanden ihr Dasein als so schrecklich und furchteinflößend, dass sie sich das Leben genommen haben, weil sie es nicht mehr ertragen konnten. Mit diesem Gebet bitten wir um Hilfe und vor allem bitten wir um Menschen, die diesen Kindern beistehen.

Ich bekomme Briefe von Eltern, Großeltern und manchmal sogar von den Kindern selbst, die mir von den schrecklichen Drangsalierungen durch andere Kinder in der Schule berichten. Selbst wenn sie als Teenager die Schule wechseln, geht das Mobbing weiter.

Kleine Kinder ab sechs Jahren bis zum Teenageralter und sogar ältere Schüler und Studenten erzählen mir, wie sehr ihnen das Wissen hilft, einen Schutzengel zu haben, vor allem wenn sie gemobbt werden. Sie schildern mir, wie sie ihren Schutzengel anflehen, den Schutzengel des Kindes oder des Jugendlichen, der sie mobbt, um Hilfe zu bitten. Sie sagen mir, es funktioniere jedes Mal. Häufig teilen Kinder mir in einem Brief mit, dass diejenigen, die sie früher gemobbt haben, mittlerweile ihre Freunde geworden sind.

Hier ein Auszug aus dem Brief eines Mädchens im Teenageralter:

»Eines Tages hat meine Mutter mir vorgeschlagen, Ihr Buch *Engel in meinem Haar* zu lesen. Das tat ich, und die Vorstellung, dass jeder einen Schutzengel hat, ließ mich die Welt mit anderen Augen sehen. In meiner Schule haben die anderen Kinder mich gemobbt, sodass ich das Gefühl hatte, nicht länger leben zu wollen. Es war schrecklich. Ich wollte nur noch sterben. Aber zu wissen, dass auch sie – genau wie ich – einen Schutzengel haben, der ihnen helfen kann, sich menschlich weiterzuentwickeln, hat mir geholfen. Durch Ihr Buch entwickelte ich Mitgefühl und Verständnis für diese Menschen, anstatt mir zu wünschen, dass sie leiden. Ich sehe alles nun mit anderen Augen, und mein Schutzengel war mir eine große Hilfe. Denn jetzt habe ich wunderbare Freunde und bin glücklich. Ich will nicht mehr sterben.«

Das obige Gebet sollten wir alle sprechen, egal ob wir Kinder haben oder nicht. Vielleicht wird ein Kind, ein Teenager oder ein junger Mensch an der Universität gemobbt. Dieser Mensch fühlt sich einsam, hat keine Freunde und macht möglicherweise eine schreckliche Zeit durch. Vielleicht kann er es nicht ertragen und will einfach nur sterben.

Sein Schutzengel sowie Gott und die Engel tun alles, um das Licht der Hoffnung vor diesem Menschen leuchten zu lassen, aber Sie und ich, wir müssen ebenfalls dieses Licht der Hoffnung sein. Niemand möchte, dass junge Menschen oder Kinder sich wegen Mobbing das Leben nehmen. Es ist furchterregend, brutal und schrecklich, jeden Tag gemobbt zu werden. Das Kind oder der junge Mensch kann nur ein gewisses Maß davon ertragen.

Wenn Sie helfen können, tun Sie das bitte. Seien Sie dieses Licht der Hoffnung. Die Mutter des Mädchens gab ihrer Tochter mein Buch *Engel in meinem Haar* und empfahl ihr, es zu lesen. Die Gewissheit, dass sie einen Schutzengel hatte, ließ die Tochter die Welt mit anderen Augen sehen. Sie schöpfte Hoffnung, dass diejenigen, die sie mobbten, sich zu freundlichen, liebenswürdigen Menschen weiterentwickeln und erkennen würden, dass auch sie einen Schutzengel haben.

**Gebet, um den Glauben zu stärken**
*Gott, hilf mir, an Dich zu glauben.*
*Ich möchte gläubig sein.*
*Ich möchte an Dich glauben, mein Gott.*
*Ich bete und bete.*
*Ich weiß, dass es an mir ist, an Dich zu glauben,*
    *mein Gott.*
*Amen.*

Dieses Gebet ist für Sie gedacht, wenn es Ihnen sehr schwerfällt, an Gott zu glauben sowie daran, dass Sie eine Seele und einen Schutzengel haben. Vielleicht sagen Sie immer wieder zu sich selbst: »Wenn es einen Gott gäbe, würde mir nichts von diesen Dingen widerfahren.« Dennoch beten Sie in Ihrer Verzweiflung und möchten gern glauben, dass es einen Gott gibt und dass das Leben sich lohnt. Sie wenden sich an Gott, weil Sie in Ihrem Herzen wissen, dass es einen Gott gibt. Doch die Welt und das Leben selbst setzen alles daran, Ihren Glauben mit Gewalt und mit Hass zu zerstören.

Sie möchten kein Teil dieser Gewalt oder dieses Hasses sein. Sie möchten zu Gott gehören. Sie möchten frei sein, um zu lieben, um Liebenswürdigkeit und Freude zu empfinden, um glücklich zu sein und anderen zu helfen, Liebe und Glück zu erleben. Sie wissen, dass es in Ordnung ist, an Gott, Ihre Seele und Ihren Schutzengel zu glauben.

### Gebet um Selbstliebe und innere Kraft

*Mein Schutzengel,*
*hilf mir, mich auf die Suche nach meiner Seele zu*
    *begeben,*
*nach meiner Selbstliebe*
*und der inneren Stärke, die in meiner Seele wohnt.*
*Danke, dass du mir hilfst,*
*mein Schutzengel.*
*Sag Gott, dass ich Ihn liebe.*
*Amen.*

Mit diesem Gebet machen Sie sich Ihre Seele und Ihre Selbstliebe sowie die Kraft, die in Ihrem Inneren wohnt, bewusst.

Haben Sie keine Angst vor Ihrer Selbstliebe. Sie ist reichlich vorhanden, weil Ihre Seele, dieser Lichtfunke Gottes, endlose, wirkliche Liebe voller Reinheit ist. Sie können sich selbst und andere frei lieben und von ihnen geliebt werden, weil Sie feststellen werden, dass Sie reine Liebe sind.

**Gebet, um die Tür zum Leben erneut zu öffnen**
*Mein Schutzengel*
*und auch Erzengel Michael, bitte helft mir.*
*Ich bin so müde und erschöpft.*
*Ich habe das Interesse am Leben verloren*
*und will nur noch meine Ruhe haben.*
*Bitte helft mir, die Tür zum Leben wieder zu öffnen.*
*Danke,*
*Amen.*

Dieses Gebet müssen wir alle wohl zu den Zeiten unseres Lebens sprechen, in denen wir das Gefühl haben, vom Leben überfordert und ausgelaugt zu sein. Wir möchten die Tür einfach nur zumachen. In solch einem Moment würde ich Ihnen empfehlen, sich auszuruhen und Ihren Schutzengel und den Erzengel Michael und vielleicht auch all die Engel Gottes zu bitten, Ihnen dabei zu helfen, die Tür zum Leben wieder zu öffnen. Nehmen Sie sich dann eine kleine Pause. Sie brauchen sie.

### Dankgebet für Mut und Kraft

*Gott,*
*ich möchte Dir lediglich sagen, dass ich an dich*
*    glaube.*
*Ich weiß, dass Du immer für mich da warst,*
*sogar in Zeiten, in denen ich dachte, ich sei verloren.*
*Gott, Du hast mir immer den Mut und die Kraft*
*    geschenkt, die ich gebraucht habe.*
*Danke, mein Gott.*
*Amen.*

Dies ist ein weiteres kurzes Gebet, um Gott zu danken. Sie haben an Ihn geglaubt, als Sie sich verloren und einsam fühlten oder in einer Zeit Ihres Lebens, in der Sie verzweifelt oder niedergeschlagen waren. Doch Ihr Glaube war ungebrochen, da Sie wussten, dass Gott Ihnen den Mut und die Kraft verleihen würde, diese Situation in Ihrem Leben zu überstehen.

Sie baten Gott um ein Zeichen und erhielten es. Sie bauten keine Schranken auf und bedankten sich dann bei Gott. Nun sagen Sie zu sich selbst: »Ich muss nichts mehr allein tun, weil mein Schutzengel immer dicht bei mir ist.«

Eins der häufigsten Zeichen, das Gott den Menschen gibt, besteht darin, jemanden die Präsenz Gottes spüren oder ihn Gottes Stimme hören zu lassen, die zu ihm spricht.

Darüber hinaus kommen andere Menschen in Ihr Leben, und Sie werden den Mut finden, sie um Hilfe zu bitten, wenn Sie diese brauchen, sodass Sie nicht alles allein tun müssen.

**Gebet um eine neue Chance für die Welt**
*Gott,*
*ich bitte Dich immer wieder um eine weitere Chance,*
*und Du gewährst sie mir stets,*
*aber nun bitte ich Dich nicht für mich selbst, mein Gott.*
*Ich bitte Dich, mein Gott,*
*könntest Du unserer Welt noch eine Chance geben?*
*Amen.*

Es geht hier darum, unserer Welt eine neue Chance zu geben, um die Dinge in Ordnung zu bringen. Genauso wie Gott Ihnen ungezählte Male eine neue Chance gewährt hat. Wir können alle auf unser persönliches Leben zurückblicken und das göttliche Muster erkennen, demzufolge Gott und die Engel uns immer wieder geholfen haben, nach einer zweiten Chance zu suchen. Manchmal müssen wir im Geist einige Zeit zurückgehen und unser Leben durchforsten, um all die Male zu erkennen, bei denen Gott uns eine weitere Chance gegeben hat.

Mit diesem Gebet erbitten Sie das nicht nur für sich selbst, sondern auch für andere Menschen, für die gesamte Menschheit. Es ist ein wunderschönes Gebet, das Gott mir geschenkt hat, damit ich es an Sie weiterleite.

**Gebet zum Engel der Mutterliebe**

*Lieber Gott,*
*könntest Du bitte den Engel der Mutterliebe*
*    zu mir schicken,*
*denn ich habe das Bedürfnis, heute die Liebe*
*    einer Mutter zu spüren,*
*weil meine eigene Mutter bei Dir im Himmel*
*    ist.*
*Umgib mich mit dem Engel der Mutterliebe.*
*Danke, mein Gott.*
*Amen.*

Vielleicht wissen Sie nicht, ob Ihre Mutter Sie geliebt hat oder nicht. Vielleicht wissen Sie, dass Ihre Mutter Sie sehr geliebt hat. Manchmal weiß eine Mutter nicht, wie sie ihrem Kind ihre Liebe zeigen soll, weil auch ihr nie Liebe gezeigt wurde. Daher lässt der Engel der Mutterliebe Sie wissen, dass Ihre Mutter Sie geliebt hat. Das ist sehr wichtig für uns alle.

Dieser Engel ist wunderschön. Ich kann ihn nur auf eine Weise beschreiben: Er ist wie eine Glucke, die ihre Arme und Flügel um Sie gelegt hat und die

Liebe einer Mutter in Sie hineinströmen lässt und Ihnen somit hilft, die Liebe einer Mutter zu spüren.

### Gebet, um die Menschen zu lieben, die ich nicht mag

*Mein liebster Schutzengel,*
*bitte richte Gott aus, dass ich dankbar für*
*alles bin.*
*Bitte hilf mir, anderen Menschen heute etwas Liebe*
*entgegenzubringen,*
*vor allem denjenigen, auf die ich wütend bin*
*oder die ich nicht mag. Hilf mir,*
*mein Schutzengel, ihnen etwas Liebe zu schenken.*
*Danke, dass du mir hilfst, mein Schutzengel.*
*Amen.*

Sie bitten Ihren Schutzengel, Ihnen bei einer bestimmten Aufgabe im Alltag zu helfen – und zwar, anderen Menschen etwas Liebe entgegenzubringen, vor allem denjenigen, auf die Sie möglicherweise wütend sind, von denen Sie enttäuscht sind oder die Sie nicht mögen. Wenn Sie diesen Menschen mit ein wenig Liebe und Freundlichkeit begegnen, wird es dabei helfen, Ihre Verletzungen zu heilen. Wenn Sie anderen Liebe und Freundlichkeit entgegenbringen, lassen Sie einen heiligen Raum in Ihrem Inneren entstehen, wo Liebe und Freundlichkeit in Sie hineinströmen können. Das hilft Ihnen, Ihre Liebe nicht länger einzusperren. Und das bedeutet, dass Sie auch damit aufhören werden, sich selbst zu verletzen.

Begegnen Sie anderen mit ein wenig Freundlichkeit und Liebe. Vergeben Sie ihnen jedes Mal ein kleines bisschen, damit es für Sie normal wird, anderen zu verzeihen. Es ist wertvoll, anderen Liebe zu schenken, und es kostet nichts. Verschenken Sie daher heute etwas Liebe.

**Gebet zu meinem Schutzengel,
der jeden Tag bei mir ist**
*Mein Schutzengel,
ich weiß, dass du mich jeden Tag bei der Hand
   nimmst,
und deshalb
weiß ich, dass ich nicht allein bin.
Danke, mein Schutzengel,
dass du jeden Tag meines Lebens bei mir bist bis in
   alle Ewigkeit.
Amen.*

Mit diesem Gebet bedanken Sie sich bei Ihrem Schutzengel dafür, dass er jeden Tag Ihre Hand nimmt und Sie durch das Leben führt, dafür, dass er einfach bei Ihnen ist. Dieses Gebet schenkt Ihnen auch den Trost der Gewissheit, dass Ihr Schutzengel Ihre Hand hält und Sie nicht allein sind. Egal wo Sie sind oder was in Ihrem Leben auch geschehen mag,

Sie sollten wissen, dass Ihr Schutzengel Ihre Hand in seiner Hand hält. Lassen Sie sich von der Gewissheit trösten, dass Sie geliebt werden.

**Gebet, um mir zu helfen, ein guter Samariter zu sein**
*Gott,*
*hilf mir, ein guter Samariter zu sein,*
*so oft, wie es mir nur möglich ist.*
*Amen.*

Sie wollen ein guter Samariter sein, und in Ihrem Herzen wissen Sie, dass Sie eines Tages selbst auf einen guten Samariter angewiesen sein könnten. Sie hoffen, dass dieser Mensch sich dann nicht abwendet und zu sich sagt, dass Sie ihm egal sind.

# Kapitel 21

## *Wir können überall beten*

Ich habe das Ende dieses Buches der Gebete erreicht und ich hoffe, es berührt Ihr Herz und hilft Ihnen dabei zu lernen, wie man betet. Sie können überall im Gebet sein. Sie müssen keinen besonderen Ort aufsuchen. Ein Moment der Stille erlaubt Ihrer Seele hervorzutreten und hilft Ihnen, sich in einen meditativen Gebetszustand zu versenken, der Sie Gott näherbringt. Sie beten nie allein, denn all die Engel beten mit Ihnen.

Ihre Gebete sind Worte, die von Ihnen als Mensch stammen, aber wenn Sie sich in einen tiefen Gebetszustand versenken, hören Sie die Worte, die aus Ihrer Seele kommen. Sie erleben Ihre Seele im tiefen Gebet. Das kann sogar geschehen, wenn Sie im Gebet singen oder wenn Sie im Gebet tanzen oder meditieren. Es gibt eine Menge Wege, wie Menschen beten, aber egal wie sie beten, sie lassen zu, dass sie sich vollkommen mit ihrer Seele verbinden. Sie begeben sich in einen Gebetszustand, den sie zuvor noch nie erreicht haben.

Vielleicht erleben Sie diesen Zustand in Ihrer menschlichen Wahrnehmung nur ein paar Minuten lang, aber für Ihre Seele ist das wie eine Ewigkeit. Sie liebt es, wenn Sie beschließen zu beten. Ihre Seele ist reine Liebe, und deshalb hat das Gebet auf unterschiedliche Weise eine Kraft, die wir uns nicht vorstellen können.

Das Gebet ist extrem wichtig für unseren physischen Körper und für unsere Gemütsverfassung, diese emotionale Seite von uns, mit der jeder Einzelne von uns zu unterschiedlichen Zeiten im Leben zu kämpfen hat. Nutzen Sie die Kraft des Gebets, die Sie unterstützt, solche Zeiten zu überstehen. Lassen Sie eine stärkere Verbindung zwischen Ihrer Seele und Ihrem physischen Körper und Ihrem Geist entstehen. Die Kraft des Betens kann die Heilung sowohl Ihres physischen Körpers als auch Ihres Geistes unterstützen. Lassen Sie zu, dass Körper und Seele eins miteinander werden.

Seit Beginn der Zeit, seit dem Moment, in dem Gott uns Seine Liebe und das kleine Körnchen von Sich selbst geschenkt hat, unsere Seele, sind wir auf der Suche nach unserer spirituellen Seite. Wir haben es nicht verstanden, aber uns war bewusst, dass wir diese Seite haben. Vielleicht haben wir sie anders genannt. Ich weiß nicht, wann wir begonnen haben zu erkennen, dass es sich um unsere Seele handelt, aber wir waren auf der Suche danach, und das sind wir auch heute noch.

In allen Religionen gibt es viele Rituale. Wir haben Tiere und manchmal sogar andere Menschen geopfert in der Hoffnung, unser spirituelles Selbst zu finden, unsere Seele. Um Gott zu finden, haben wir gefastet, haben tagelang auf Nahrung verzichtet oder erlegten uns eine Folter auf. Wir haben getanzt, gesungen, haben uns in Trance begeben und Drogen genommen. Das Leben nach dem Tod suchend sind wir in die Eingeweide der Erde eingedrungen. Manche von diesen Dingen tun wir immer noch, doch im Laufe der Jahrhunderte haben wir allmählich gelernt, dass wir keine Opfer bringen und uns oder anderen keine Folter auferlegen müssen.

Wir haben gelernt, dass wir Gott, unsere Seele, unser spirituelles Selbst durch die Kraft des Gebets finden können. Wir müssen nicht tun, was die Menschen im Altertum getan haben, aber wir sollten heutzutage beten. Sie und ich brauchen Gebete anderer Menschen, und Sie und ich sollten jeden Tag beten. Es dauert nur einen Moment lang. Wir alle sollten beten, damit wir diese Welt in einen kleinen Ausschnitt des Himmels verwandeln können und die Verflechtung des menschlichen Körpers mit der Seele stattfinden kann. Dann würden wir nicht mehr krank werden, unsere Seelen könnten hell leuchten, und wir alle würden die Seele eines jeden Menschen in unserem Umfeld sehen. Wir würden wissen, dass Gott real ist.

Gott *ist* real. Warten Sie nicht so lange, bis es für Sie an der Zeit ist, nach Hause in den Himmel zurückzukehren, um das zu erkennen. Erkennen Sie es jetzt durch die Kraft des Gebets und machen Sie sich dabei bewusst, dass Gott real ist. Er hat Ihnen einen Schutzengel geschenkt, der der Torwächter Ihrer Seele ist. Lassen Sie Ihre Seele durch Ihre physischen Augen blicken und nehmen Sie die Welt anders wahr – auf eine positive, wunderschöne Weise –, denn Ihr Leben ist durch die Kraft des Gebets und aufgrund der Gewissheit, dass Gott real ist, gesegnet.

Wenn die Menschheit auf der ganzen Welt eine Minute lang gemeinsam beten würde – alle Menschen, egal ob sie einer Religion angehören oder nicht, all diejenigen, die wir als gut oder schlecht betrachten –, dann würde das alles für immer verändern.

Ein Gebet kann genau so sein, wie Sie es möchten. Sie können ein Gebet aufsagen, das Sie kennen, oder mit Ihren eigenen Worten zu Gott sprechen. Die Gebete in diesem Buch wurden von Gott an Seine Engel weitergegeben, und diese haben sie mir übermittelt. Gott hat mir Seine Erlaubnis gegeben, sie an Sie und Ihre Angehörigen weiterzuleiten. Gott errichtet keine Schranken, und auch die Engel tun das nicht. Jeder kann beten.

Ich habe die Engel gebeten, zum Himmel zu eilen und Gott inständig um ein Wunder im Leben von Ihnen allen zu bitten.

Mit all meinem Segen und meiner Liebe für Sie.

Lorna

# Danksagung

Ein tief empfundener Dank geht an meine Tochter, Aideen Byrne, dafür, dass sie das Manuskript überarbeitet hat, für ihre Hilfe und ihren Einsatz, dafür, dass sie mir zur Seite stand, als ich dieses Buch geschrieben habe, und überhaupt für die harte Arbeit, die sie leistet.

Mark Booth, meinem Verleger, danke ich für die Unterstützung und Ermutigung über all die Jahre. Danke für die Tage, die du mit mir und Aideen verbracht hast, um diesem Buch den letzten Schliff zu geben. Ohne euch beide hätte ich das wegen meiner Legasthenie niemals geschafft, danke für eure Geduld.

Ich möchte auch meiner Tochter Pearl Byrne danken, für ihre Tätigkeit als meine Agentin, ihr kontinuierliches Engagement und ihre Hilfe.

Aus tiefstem Herzen danken möchte ich meiner liebevollen Familie, ebenfalls für Beistand und Aufmunterung. Ich könnte das, was ich tue, ohne euch gar nicht machen.

Der Grafikabteilung von Hodder & Stoughton danke ich für das Buchcover, es ist einfach großartig. Vom Grund meines Herzens geht auch ein Dank an das Vertriebsteam hier in Irland und in England.

Suzi Button schließlich danke ich für ihre harte, aber so hilfreiche Arbeit als Managerin der Lorna Byrne Children's Foundation.

# Gebetsverzeichnis